说话聊天学

会说话让你更受他人欢迎

SHUOHUA
LIAOTIANXUE

王萍萍◎编著

广东旅游出版社
GUANGDONG TRAVEL & TOURISM PRESS
悦读书·悦旅行·悦享人生

中国·广州

图书在版编目（CIP）数据

说话聊天学：会说话让你更受他人欢迎 / 王萍萍编著. — 广州：
广东旅游出版社，2017.8（2024.8重印）
ISBN 978-7-5570-1011-9

Ⅰ.①说… Ⅱ.①王… Ⅲ.①语言艺术 - 通俗读物 Ⅳ.①
H019-49

中国版本图书馆CIP数据核字（2017）第130603号

说话聊天学：会说话让你更受他人欢迎

SHUO HUA LIAO TIAN XUE : HUI SHUO HUA RANG NI GENG SHOU TA REN HUAN YING

出 版 人 刘志松
责任编辑 李 丽
责任技编 冼志良
责任校对 李瑞苑

广东旅游出版社出版发行

地　　址 广东省广州市荔湾区沙面北街71号首、二层
邮　　编 510130
电　　话 020-87347732（总编室）　020-87348887（销售热线）
投稿邮箱 2026542779@qq.com
印　　刷 三河市腾飞印务有限公司
　　　　　　（地址：三河市黄土庄镇小石庄村）
开　　本 710毫米×1000毫米 1/16
印　　张 17
字　　数 188千
版　　次 2017年8月第1版
印　　次 2024年8月第2次印刷
定　　价 72.00元

本书若有倒装、缺页影响阅读，请与承印厂联系调换，联系电话 0316-3153358

序 言

美国最伟大的政治家和科学家富兰克林在自传中，有这样一段话："说话和事业的进展有很大的关系，是一个人力量的主要体现。你若出言不逊，跟别人争辩，那么，你将不可能成功与人合作，获得别人的同情和助力。"

的确，我们一生都在用言语表达，言语是我们每个人赖以生存的基本能力。世界上没有任何一个人不需要讲话、不需要交流，也没有任何一种工作不需要和别人打交道。而人与人之间交流思想、沟通感情，最直接、最方便的途径就是对话。出色的语言表达，在生活中帮助我们维系亲情、建立友情、追求爱情，生活因此变得丰富精彩，人生也由此而更加意味无穷；在事业上，帮助我们维护各种关系，扩大自己的工作领域，提升自己的工作成效和办事效率，使工作变得轻松愉快，并有广阔的发展空间；在个人成长中，帮助我们获取知识、增加个人魅力，不断充实自己，不断追寻或提升自己的人生目标，塑造个体的理想形象。

因此，口才专家曾经大胆断言道："语言是人生命运的纽带。"西方有位哲人也认为："世间有一种能力可以使人很快完成伟业，并获得世人的赏识，那就是用话语令人愉悦的能力。"一句话，语言能力已经成为现代社会人才必备的素质之一。说话不仅仅是一门学问，还是我们赢得事业成功和生活幸福最重要的资本。好口才会给我们带来意想不到的运气和财气，所以拥有好口才，就等于拥有了辉煌的前程。

而与之相反，不管我们生性如何聪颖、接受过多么高等的教育、穿着多么漂亮的衣服、拥有多么雄厚的资产，如果我们缺乏良好的口才，不能够流畅和恰当地表达自己的思想，我们可能就会丧失掉很多的机会，同时也无法真正实现自己的价值。

当然，学会说话容易，但是要想真正拥有好口才并帮助自己并不是一件简单的事，尽管我们天天都在说话。在生活中，我们与人交往聊天，或去办理事情，说话的分寸、时机、言辞等，掌控得稍有不当，便会出现麻烦，不仅使自己蒙受损失，也给别人造成困扰。而要摆脱这种困扰，唯一的途径就是进行有效的口才学习和语言训练。本书正是从这样一种角度出发，给读者提供一个可行的方法和思路。告诉读者如何探寻事物，如何说明事理，以及如何进行说服性的言谈，进而获得他人的支持和事业上的成功。

我们衷心地企望广大读者朋友能从中受益。

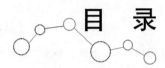

第 1 章 好口才就是你的资本

001

口才是一个人智慧的反映，是影响一个人事业成功、人际和睦、生活幸福与否的重要因素，是一种可随身携带永不过时的基本能力。口才活动离不开知觉、观察、记忆、思维、想象等心理活动的基本形式。一个人的气质、性格、能力等个性心理特征直接决定了其口才的高低、风格，甚至是社会价值。

第 4 章 好口才让求职有门 053

我们要想在残酷的面试竞争中成功地脱颖而出,一方面有赖于我们自身的实力,另一方面,让人眼前一亮的出色的口才也是一个非常重要的砝码。

第 5 章 好口才让你成为社交高手 071

口才是社交的基本工具,社交场合又是施展口才的舞台和场所,口才的好坏是一个人社交成功与否的关键。因此,要想成为社交中受人欢迎、具有魅力的人,一定要有好口才。

第6章 好口才让同事更喜欢你 091

口才在职场中也总是发挥着重要的作用。尤其是我们是否懂得在关键时刻说适当的话，能否运用巧妙的语言团结同事、协调关系，这不仅能让我们的工作加倍轻松，更是我们职场成功与否的决定性因素。

第 7 章 好口才让下属更爱戴你

语言的力量能征服世界上最复杂的东西——人的心灵。好领导都是能征服人的心灵的人，他们往往都有好口才，具备驾驭语言的高超能力，因为伶牙俐齿是领导者应该具备的有力武器。

第 8 章 好口才让你更受器重

作为下属要时刻保持主动与领导沟通，领导工作往往比较繁忙，而无法面面俱到，保持主动与领导沟通的意识十分重要，不要只埋头于工作而忽视与上级的主动沟通，还要有效展示你的口才，让你得到上级的高度肯定，只有与领导保持有效的沟通，才能获得领导器重而得到更多的机会和空间。

第9章 好口才让说服更有力量 175

说服，是以求得对方的理解和行动为目的的谈话活动。说服的最大特征就是在于引起对方的关注。如果把单方面的想法强加在他人的头上，说服就不可能获得成功。就是说，说服的关键，在于帮助对方产生自发的意志，因此，说服需要有很好的口才。

第10章　好口才让你朋友遍天下

沟通无疑是连接心灵的一座桥梁，促进友谊发展的一剂催化剂。发挥你的口才，和朋友们进行有益的沟通，将自己的智慧融进朋友的心中，让你的朋友随处可见，又何乐而不为呢？

第11章　好口才让你的恋爱更浪漫

"谈情说爱"是感情生活里一个不可或缺的重要组成部分，而与恋人相处时的谈情说爱，也是一门美妙的艺术，需要悉心体会，认真揣摩，善加利用。只有谈得惬意，说得圆满，才能让两颗心灵在甜言蜜语中撞出爱的火花。

第12章　好口才让你的家庭更和谐　　　235

　　每一个家庭都不可避免地会碰到沟通问题。如果父母、孩子、夫妻等等之间的沟通问题处理不好，既影响到生活的质量，又影响亲人间的感情。若要避免这种情形出现，就需要我们在自己的口才上下点功夫。

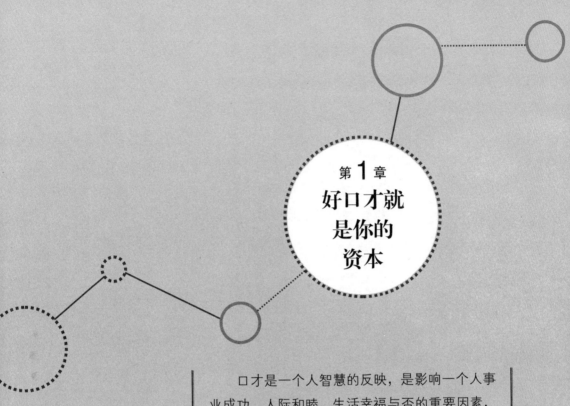

第1章
好口才就是你的资本

口才是一个人智慧的反映，是影响一个人事业成功、人际和睦、生活幸福与否的重要因素，是一种可随身携带永不过时的基本能力。口才活动离不开知觉、观察、记忆、思维、想象等心理活动的基本形式。一个人的气质、性格、能力等个性心理特征直接决定了其口才的高低、风格，甚至是社会价值。

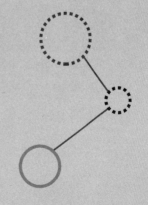

口才是开启成功的钥匙

对于口才，古今中外的远见卓识者历来都给予了高度的重视。"一言可以兴邦，一言可以丧邦""一言之辩，重于九鼎之宝""三寸之舌，强于百万之师"等古语，把国之兴亡与舌辩的力量紧密联系起来，借"九鼎之宝""百万之师"比喻说话的力量，充分揭示了口才巨大的社会作用。

第二次世界大战时期美国人把"舌头"、原子弹和金钱并称为获胜的三大战略武器。时代进入21世纪又把"舌头"、金钱和电脑视为经济发展和社会进步的三大战略武器。这个说法虽有牵强之嫌，但也不无道理，起码代表了两个时代的主要特点，而在这两个说法中，"舌头"即口才，都能独冠于三大战略武器之首，可见人们对口才的重视达到了前所未有的高度。有没有良好的口才，已作为衡量一个人素质的基本标准之一。从一个人的口才往往能看出一个人的综合实力，口才几乎在每一个人的命运里都扮演着十分重要的角色。口才好，有可能改变你的命运。我们拿面试来说，现在国内外大小公司，已把面试作为人才招聘的必要途径，其中有不少行业尤其看重口试。在这种情况下，"口才"这门课程在许多高校已经属于必修课，即使设为选修课，选修的人也很多。因为，现在高校不包毕业分配，绝大多数学生根据人才市场需要来寻找职业，在最后一学年，也就是说在学习尚未完成、毕业论文尚未启动或刚启动的时候，他们已率先通过口才叩击着求职的大门，学生们越来越感到口才的重要性。因此我们每一个现代人都应清醒地认识到口才的重要性，进而更好地掌握口才这个随身携带、行之有效、战无不胜、攻无不克的神奇武器。

口才，简言之就是说话的才能，是一个人素养、能力和智慧的全面而综合的反映。人之所以被称为万物之灵，是因为人与其他动物有一个最特殊和明显区别，那就是人能说话，并能以语言符号作为交流思想感情的工具。"口才"一词，远在两千多年前的周朝已有记载。据孔丘门人所撰《孔子家语·七十二弟子解》称："宰予，字子我，鲁人，有口才著称。"正如古时也有将"人才"写为"人材"，"口才"抑或写为"口材"。如宋王明清《挥尘后录〈十〉》有载："周望，字仲弼，蔡州人，有人材，好谈兵。"可见我国自古以来，就有重视语言表达能力的传统，并已充分认识到口头表达在安邦定国、社会交际中的作用。

清朝著名的文艺批评家叶燮曾提出，"才、胆、识、力"是人才成长的重要因素。这里的"才"，其一就是"口才"；这里的"胆"，更是强调人在社会交往中要敢于说话，在大庭广众前要有敢于演讲的"胆"。《论语·里仁》中讲：君子"讷于言而敏于行"。但到了今天，这种旧时的观念就不能不受到质疑和重新审视。"敏于行"当然无可厚非，只要这种行为有利于国家和大众，有利于别人和自身的进步即可，可是"讷于言"却与现代社会人与人交往的需要明显地不相适应。良好的口才，不仅是宣传带动的需要，还是传授知识、增进人际关系的需要。能言善语，让世界多一些因优秀的口才和妙语带来的笑声、赞叹声有什么不好呢？曾参加中央电视台《实话实说》节目创建的著名社会学家郑也夫谈到，《实话实说》要找到合适的"侃爷"真的不容易。多数人讲话刻板、干巴、模式化、冗长、没有风趣，甚至在学历高的人群中这种现象更突出。"我几乎可以断定，口语表达能力不足是个普遍性的社会问题。我们的中小学教育将精力集中在书面表达能力的培养上，普遍轻视口语表达能力的锻炼。而在现实生活中，谋职、合作、讨论、请示汇报、讲课、谈判、争论、打官司，都毫不例外地依赖于口语表达。"

美国著名教育专家卡耐基非常强调口才的重要性，他说："假如你的口才好……可以使人家喜欢你，可以结交好的朋友，可以开辟前程，使你获得满意的结果。譬如你是一个律师，你的口才便吸引了一切诉讼的当事人；你是一个店主，你的口才帮助你吸引顾客。""有许多人，因为他们善于辞令，因此而擢升了职位……有许多人因此获得荣誉，获得了厚利。你不要以为这是小节，你的一生，有一大半的影响，是由于说话艺术。"

口才关系着成败得失

当今社会是一个充满竞争与合作的信息化社会，说话不仅是人们日常生活之必需，也是直接影响个人事业成败的重要因素。生意场上有"金口玉言，利益攸关"之说；工作场合有"一言定乾坤"之说；生活中有"一言既出，驷马难追"之说。可见，在现代社会中，是否能说，是否会说，实在影响着一个人的成败得失。

诸葛亮舌战群儒。请想一想，诸葛亮没有口才能行吗？正因为他有了口才，出使东吴，建立了联吴抗曹的统一战线，最后使号称"八十万大军"的曹兵，几乎全部葬身于滔滔长江之中。这不是口才的威力吗？假如刘备不让诸葛亮去，让张飞去，其后果又会是什么样呢？

刘备为什么要诸葛亮去，而不要张飞去？说到底在于两个字——口才，诸葛亮靠他的口才成功了。能说口才没有用吗？能说口才与成败得失没有关系吗？我们说，是有关系的。

很多人都知道纪晓岚。纪晓岚的舌头可了不得！天下人都知道他学识渊博，能言善辩，机智敏捷。乾隆皇帝自然也知道。有一天，乾隆想，我要找一个办法试试他的机智。于是，他把纪晓岚找来，对纪晓岚说："纪晓岚！我问你，何为忠孝呀？"纪晓岚答："君叫臣死，臣不得不死，为忠；父叫子亡，子不得不亡，为孝。合起来，就叫忠孝。"纪晓岚刚回答完，乾隆皇帝接过话来："好！联赐你一死。"纪晓岚当时就愣了：怎么突然赐我一死？但是皇帝金口一开，绝无戏言。纪晓岚只好谢主隆恩，三拜九叩，然后走了。

这时，乾隆就想："这纪晓岚可怎么办呢？不死，回来，就是欺君之罪；可要是死了就真是太可惜了，自己手下便少了一个栋梁之材呀。"当然，乾隆知道纪晓岚不会让自己轻易死掉的，必定会有什么办法解救自己。于是他静观其变。

半炷香的工夫，纪晓岚气喘吁吁地跑回来了，扑通地给乾隆跪下。乾隆装作很严肃地说："大胆，纪晓岚！朕不是赐你一死了吗？为什么你又跑回来啊？"纪晓岚说："皇上，臣去死了，我准备跳河自杀，正要跳河，屈原突然从河里出来了，他怒气冲冲地说，'你小子真混蛋，当年我投汨罗江自杀，是因为楚怀王昏庸无道；而当今皇上皇恩浩荡，贤明豁达，你怎么能死呢？！'我一听，就回来了。"听到这里，乾隆哑口无言：你让他去死吧，你就是昏庸无道；可是让他活着吧，自己皇帝的面子又下不了台。最后，乾隆不得不解嘲说："好一个纪晓岚，你是真能言善辩啊！"

纪晓岚凭借自己的能言善辩，救了自己的一条命。要是换了另一个人又会怎么办呢？虽然，那人也是学识深厚，思维敏捷，但是他不愿意说、不会说话，他能不能回来？因此，我们说，口才的价值、口才的意义不仅关系着一个人的成败得失，在关键的时候还能救人性命。

其实，在社会生活中，一个人是否有好口才，是否会说话，境遇与成就必定会大不一样。现代社会里，那些表现得羞怯拘谨、笨嘴笨舌、老实巴交的人，总会处在交际困难的尴尬里。有些人知识渊博，可就是因为缺乏"嘴巴上的功夫"，而不受人们欢迎。有些人在工作上表现得也很出色，可一讲话就语无伦次，拘谨慌张，从而失去了很多晋升的机会。

有一位国外名人曾说："眼睛可以容纳一个美丽的世界，而嘴巴则能描绘一个精彩的世界"。法国大作家雨果也认为："语言就是力量。"的确，精妙、高超的语言艺术魅力非凡。

讲究说话在我国是有传统渊源的。历史上凭口才决定成败得失的人物和事件数不胜数：凭借"三寸不烂之舌"施展合纵、连横之术的苏秦、张仪；以敏捷的思维、雄辩的口才出使楚国而闻名的齐国重臣晏子；以及刚刚提及的舌战群儒的诸葛亮、铁齿铜牙纪晓岚等等。他们或以吐纳珠玉之声，展卷舒风云之色；或羽扇纶巾，谈笑间逢凶化吉。现代社会中以口才而闻名中外的女中豪杰杨澜，相信大家都熟悉。她作为传媒中人，不断在观众面前亮相，不断地纵横放言、评点中外、表露心迹。细细听来，她的一语一言几乎同她的天性一样：清新又明晰、亮丽而爽朗；话中不乏令人开怀的风趣，让人捧腹的率真，发人沉吟的理性。一句话，杨澜其言的个中三昧，不失其女名人的风范与品性。

于是，西方哲人便有了这样的总结："世间有一种能力可以使人很快完成伟业，并获得世人的赏识，那就是用话语令人愉悦的能力。"

口才好有更多的机会

在现实生活中一个人如果拥有良好的口才，那就能赢得比别人更多的发展机会，甚至会使自己的人生与事业光彩照人。

每个人都想获得成功，谁都不甘心一生庸碌无为，那么，好口才就是获取机会的利器与法宝。练就好口才，就可以助你在职场中左右逢源，游刃有余，一帆风顺，甚至步步高升；练就好口才，就可以助你发现商机，捕捉机会，创造利润，甚至是成就好事业。反之则会处处受制，事事艰难。

　　阿刚原来是石油公司的职工，去年下岗后，决定自寻出路，去做贩卖水果的生意。

　　又是荔枝上市时，阿刚到著名的水果之乡去采购荔枝。走进一果园，看见压弯了的树枝上色泽鲜亮的荔枝果，很合心意，他开始与果园主讨价还价了：

　　"多少钱一市斤？"阿刚问。

　　"8元。"果园主答道。

　　"7元5行吗？"

　　"少一分也不卖。"

　　当时，正是荔枝上市时，来了很多买主，卖主当然不肯让步。

　　第一天，阿刚什么收获都没有，空手而归。但他又很清楚，他根本没有退路。商场如战场，没有营商经验的他，如此做生意，岂不是肉包子打狗——有去无回？他觉得自己缺点什么，当晚去了市图书馆。

　　第二天一大早，阿刚到街边吃了一碗白粥，又到那家荔枝园去了。他走上前去，递上一支香烟给果园主，问："多少钱一市斤？"

　　"8元。这几天，北方卖了好多钱，你不见到处都是外省老板？不提价就算好啦，年轻仔。"

　　"整筐买多少钱？"

　　"零买不卖，整筐买8元一市斤。"

　　此次阿刚没有急于还价，而是不慌不忙地打开筐盖，拿起一把荔枝在手里掂量着、端详着，不紧不慢地说："个头还可以，但颜色不够红，这样上市卖不上价钱呀。"

接着伸手往筐里掏，摸了一会儿摸出一把个头小的荔枝，说："老板，你这一筐，表面是大的，筐底却藏着不少小的，这怎么算呢？"

阿刚继续说："看！你这荔枝既不够红，又大小不均匀，无论如何，算不上一级，勉强算二级就不错了。"这时，卖主沉不住气了，说话也和气了："你真想要，还个价吧！"

阿刚与果园主终于以每市斤7元的价钱成交，比市面批发价还低呢！阿刚灵机一动，又大批量转卖给外省老板，一进一出，净赚了30000元。阿刚紧皱眉头的脸上终于露出了微笑。

原来那天晚上，阿刚觉得自己要做生意没一点生意经可不行，就到市图书馆借阅了一本《中外营销术》，在家里给自己加油充电。其中"吹毛求疵"经商术谈到"卖方的目标很高，要价往往居高不下，而买方要降低对方的价格，首先要降低对方的目标"。阿刚正是从此处受到了启发。

最后阿刚说："动一下小脑筋，用一下好口才，办法总是会有的。舌头不下岗，钱财装满囊。"俨然一副老板样子。

上面是一个现代的经商故事，再看中国历史上，凭口才而流芳百世之士更是不胜枚举：晏子使楚，名扬千秋；苏秦善辩，穿梭六国；孔明机智，舌战群儒；解缙巧对，传为美谈；鲁迅、闻一多、周恩来、陈毅，更是现代能言善辩的口才泰斗。在西方国家也有相似之处，古罗马杰出的政治家、哲学家和文学家西塞具有非凡的演说才能，他能把演讲的社会作用推广到惊人的程度，并凭着自己的一张利嘴跻身政界，成为古罗马的检察官和执政官。18世纪的英国在工业革命之后发展很快，议会议员皮特有"第一张铁嘴"之称，其演讲仪态雄伟、声音洪亮、言辞激越、感情充沛，这种非凡的口才使他打败了一个又一个政敌，并赢得了支持和理解，一跃成为英国首相。

由此可见，口才已经不只是语言的表达能力了，口才直接决定着交往的好坏，也决定着人生的际遇，成了日常生活人与人交际当中不可忽视的一个重要组成部分，成了做人做事能否迈向成功的阶梯。

天天说话不见得会说话

人天天都在说话，有的人说起话来，娓娓动听，使人听了全身的筋骨都感觉到舒服；有的人说起话来，锋芒锐利，像是一柄利刃，令人感觉到十分恐惧；有的人说起话来，一开口就使人感觉到讨厌。人的面貌各不相同，而人所说的话和获得的效果，也正像面貌一样各有不同。

说话是一件不容易的事。我们天天都在说话，但并不见得个个都会说话。"口齿伶俐""三寸不烂之舌"这种赞词，完全是对会说话的人的称赞。话说得好，小则可以娱乐，大则可以兴国；话说得不好，小则可以招怨，大则可以丧身。

近代美国诗人弗洛斯特从说话的角度，巧妙地把一般人分成两类：第一类是满腹经纶，却说不出来的人；第二类是胸无点墨，却滔滔不绝的人。弗洛斯特的观察非常深入。我们在生活中经常看到一肚子学问而讷于言辞的人，也经常听见不学无术的人废话连篇。交谈最根本的条件是：既要有充实且有价值的内涵，又要善于表达，使人听得痛快，而且回味无穷。所以"有话可说"实在不是件容易的事，要达到"言之有物"的境界，更要不断学习，力求充实自己。

平心而论，中国传统观念里似乎并不鼓励人们研究交谈方法，顶多不过提出若干基本原则，让各人"运用之妙，存乎一心"而已。但是，我们中大部分人却没有能力去体会并运用这些原则，甚至曲解"巧言令色，鲜仁矣"

的道理，弄得简直不敢开口。然而在当今社会，在社交场合的交谈艺术却已是处世的第一要诀，不可不细加研究。律师出身的美国参议员，也是美国最著名的演说家之一的戴普曾经说过："世界上再没有什么比令人心悦诚服的交谈能力更能迅速获得别人的钦佩与成功了，这种能力，任何人都可以培养出来。"

的确，能够在交谈中把意思有效地表达出来的人，走到哪里都可以出人头地。他们不但可以凭口才引起旁人的重视，也比一般人拥有更多、更好的发展机会。一个人必须了解：如何探寻事物，如何说明事理，以及如何进行说服性的言谈，才是获得他人的支持和事业上成功的关键。

怎样才算会说话

我们都知道口语表达是人们运用声音和动作对一个人的思维活动进行归纳和表达。也就是说，说话是人思维的物质外化。人们常说想得清才能说得好，说得好才算会说。因此，我们可以说，说话是一个人素养、能力和智慧的综合体现。具体地说，说话是在交谈、演讲和论辩等口语交际活动中，表达者根据特定的交际目的和任务，切合特定的言语交际环境，准确、得体、生动地运用连贯、标准的有声语言，并辅之以适当的体态语表情达意，以取得圆满交际效果的口头表达能力。

根据口语交际的构成要素和口才的含义，说一个人会说话应当具备以下几个条件：

1. 在交际中必须具有较强的口头表达能力

即能根据交际意图和目的熟练地运用语言技巧来展开话语，同时应具有灵活机智的应变能力，即对应情况而说话。《论语·先进篇》中讲了这样一个故事：子路和冉有都问"闻斯行诸"，听到的事就马上做吗？孔子在回答子路时说："有父亲、哥哥在，应听听他们的，怎能听到了就做呢？"在回答冉有时又说："听到了就干起来。"这两个截然不同的回答，使在座的公西华大惑不解。孔子解释说："冉有胆量小，平时做事退缩，所以我说一听到了就干起来，是鼓励他，给他壮胆；子路胆量大得超过一般人，勇于作为，所以我说，有父亲、哥哥在，要压一压，使他有所退让。"这件事一向被用作孔子"因材施教"的例证，其实也是说话看对象、针对不同实际情况而选择不同说话内容的范例。

2. 在交际中始终具有明确的对象意识和语境意识

如果不顾场合，不看对象，夸夸其谈，滔滔不绝，这种"能说会道"的行为只会引起反感甚至厌恶，不能称之为有口才。荀子在《劝学》中曾明确指出："未可与言而言谓之傲，可与言而不言谓之隐，不观气色而言谓之瞽。""瞽"，就是瞎子。这说明讲话应随境而发，见机行事。

3. 在交际中还必须具有较高的领悟能力和反馈能力

既能准确地接受和理解，又能作出恰当、必要的反应，这是与人交谈很关键的一条。在口语交际时，说话者不仅要表达，而且还要接受，即领悟对方话语或表情动作等体态语所蕴涵的意思，同时还要作出有针对性的反馈。1969 年 9 月，基辛格就越战问题与苏联驻美国大使多勃雷宁举行会谈。正当发言时，尼克松总统打来电话，谈了几分钟之后，基辛格对多勃雷宁说："总统刚才在电话里对我说，关于越南问题，'列车刚刚开出车站'，现在正在轨道上行驶。"老练的多勃雷宁试图缓和一下气氛，接过话头说："我希望是架飞机而不是火车，因为飞机中途还能改变航向。"基辛格立即回答说："总统是非常注意措辞的，我相信他说一不二，他说的是火车。"在这段对话中基辛格从坚持自己立场的原则出发，不仅准确地理解多勃雷宁变"火车"为"飞机"的用意，而且采取"借言"的方式维护了自己的观点，显示出机智的外交家风采。

4. 说话内容的深浅要与对方的接受能力相宜

《论语·雍也篇》说："中人以上，可以语上也；中人以下，不可以语上也。"对中等水平的人可以讲说高深的道理，对中等以下水平的人就不可以讲说高深的道理，说话的内容超过或低于对方的接受能力都不会收到好效果。

5. 慎言

所谓"慎言"，就是不说过头话。提倡"慎言"，是针对言与行的关系提出的。"君子食无求饱，居无求安，敏于事而慎于言，就有道而正焉"，"古者言之不出，耻躬之不逮也"，"多闻疑，慎言其余，则寡尤"。这就是说，做事情要勤劳敏捷，说话要谨慎讲究分寸，做不到的事情，压根就不说，如果在言与行实在无法一致的情况下，宁可多做事，少说话，也绝不能说多做少，言过其行。

你是一个说话高手吗

在日常生活中大多数人或许都有这样一种感受：与朋友在一起，兴高采烈、高谈阔论，回来后猛然想起自己还有一句关键的话没有说出来，或者有一句话说得不合时宜，心中不免顿生遗憾。于是便问自己一句：我会说话吗？

"我会说话吗？"这是一个看似十分简单实则常常困扰我们的问题。

"会说话"，即善于说话，就是指说话者能够准确自如、恰到好处地表达出自己的思想、感情和意图；能够把道理讲得清楚明白、形象生动；能够轻松自然，简洁明了地使他人听清和理解自己的话语。同时，还要能够从与他人的交谈之中，揣测他人说话的意图，增加自己对他人的了解，跟他人建立良好、和谐的友谊。善于说话的人，也要敢于说话，并有巧妙的言辞和精彩的语句，如果不敢向他人表述，不敢直言，便很难得到别人的认可。

在工作及事业上，会说话的人，可以充分利用自己的语言交际能力来说服他人，使工作顺利进行，左右逢源。可以说，会说话的人，必定拥有良好的人际关系，也能为他的事业成功打下基础。为此，我们不妨从以下几点测试一下自己：

1. 会不会听话

说话是一种艺术，需要一定的技能去表现，我们必须认识和掌握这种技能，然后才能获得想拥有的成功。一个人会说话，首先得会听话。在说话的时候要认清对方，考虑对方的反应，坦白直率，细心谨慎，说话时间不宜太长，更不要一人说到底。说话的时候不可唯我独尊，把大家排除在外面，因为说话的目的是说明一些事情，使人产生兴趣。所以，说话要清晰、要明白、要坦率、要易懂，而且要给足对方说话的时间。

2. 有没有用情

曾经打败过拿破仑的库图佐夫，在给卡捷琳娜公主的信中说："您问我靠什么魅力凝集着社交界如云的朋友，我的回答是：真实、真情和真诚。"可以毫无疑问地说，真实、真情和真诚的态度是成功的说话者的法宝。用真的情感、竭诚的态度去呼吁人们的心灵，对真善美热情讴歌，对假丑恶无情鞭挞。用诚挚的心去弹拨他人的心弦，用虔善的灵魂去感化他人的胸怀。让听者闻其言，知其意，见其心，达到情感上的共鸣，就会令讲话如春风化雨，润物无声，潜移默化，以产生磁铁般的影响，唤起群众的热情，这样就能以震撼人心的巨大力量，发生"共振效应"。

唐代大诗人白居易说："动人之心者莫先于情。"一个说话者如果感情不真切，是逃不过成百上千听众的耳朵的，是不能打动听众的心的。1858年，美国著名政治家林肯在一次竞选辩论中说："你能在所有的时候欺瞒某些人，也能在某些时候欺瞒所有的人，但不能在所有的时候欺瞒所有的人。"这句著名的政治格言成了林肯的座右铭。第二次世界大战期间，年近70岁的英国首相丘吉尔在对秘书口授反击法西斯战争动员的讲稿时，激动得像小孩一样，哭得涕泪横流。他的这一次演讲，动人心魄，极大地鼓舞了英国人民的反法西斯斗志。

一个人如果讲话华而不实，缺乏真挚而热烈的情感，虽然能欺骗听众的耳朵，却永远得不到听众的心，只有讲话时袒露情怀，敞开心扉，才会达到语调亲切、说理虔诚、激情迸发、内容充实的效果，也就会字字吐深情，句句动心魄。

3. 有没有让别人感到不安

我们在日常交往中，不要企图揭露他人的隐私，更不要去"攻击"别人，这是与人谈话的最基本准则。

谈话时首先要尊重对方，其次要诚恳，要设身处地为别人着想，也就是谈话时要掌握分寸，避免任何可能伤害别人的成分。即使对方确有缺点也不可抓住不放，喋喋不休，礼貌的做法只能是委婉批评，适可而止。总之，不论谈话内容如何，只要你对别人尊敬，就能得到相应的回报。

4. 有没有"我"字满天飞

亨利·福特曾说："无聊的人是把拳头往自己嘴里塞的人，也是'我'字的专卖者。"的确，很多人在说话中总是"我"字挂帅。比如在一个鸡尾酒会上，主人10分钟内用几十个"我"字：我的车子、我的别墅、我的花园、我的小狗，我想……令听众十分反感。

如果你在说话中，不管听者的情绪或反应如何，只是一个劲地提到自己如何如何，那么必然会引起对方的厌烦与反感。谈话如同驾驶汽车，应该随时注意交通标志，就是说，要随时注意听者的态度与反应，总以自我为中心，必然招致别人反感。

5. 有没有冷落人

谈话时排除他人，就如同宴会时赶走客人一样荒唐和不可思议。千万记住，不要遗漏任何人，让你的双眼环视周围每一个人，留心他们的面部表情和对你谈话的反应。在众多人的聚会中，常有少数人被无情地冷落，假如被你冷落的恰巧是来日对你事业前途至关重要的人物，那将是怎样的后果呢？

不要冷落任何人，即使他的言行举止是多么令人生厌。"己所不欲，勿施于人"，应该想想自己被人冷落的滋味。要想使别人觉得你的谈话洋溢着饱满的热情，因而对你有好感、感兴趣，就不要让人"冷"在那里。

6. 有没有打断别人

别人谈话时有打岔习惯的人最容易惹人厌烦，这是缺乏礼貌的表现。没有比打断别人说话更让人难以忍受的了。比如在别人讲话时不要用他人的话来打岔，也不要提出不相干的意见来打岔，更不要用鸡毛蒜皮的小事来打岔。

总而言之，尽量不要打断别人的讲话。除非讲话成了"懒婆娘的裹脚布又臭又长"，把时间拖得太久，或讲话受到众人起哄，或者讲话者口出狂言而旁若无人时，打岔才会显得必要。

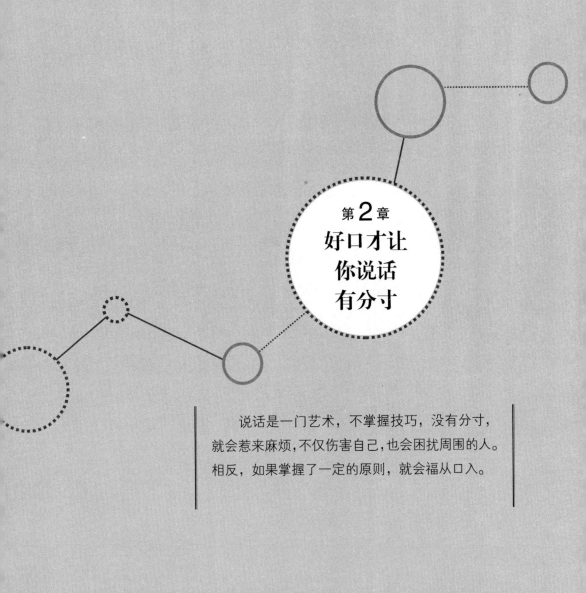

第2章
好口才让
你说话
有分寸

说话是一门艺术，不掌握技巧，没有分寸，就会惹来麻烦，不仅伤害自己，也会困扰周围的人。相反，如果掌握了一定的原则，就会福从口入。

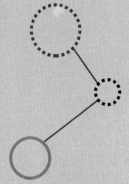

说话必须有分寸

人与人之间沟通，懂得如何说话、说些什么话、怎么把话说到对方心坎里，这些都很重要。嘴上功夫看似雕虫小技，却有可能扭转你的一生。

西汉初年，汉高祖刘邦打败项羽，平定天下之后，开始论功行赏。这可是攸关后代子孙的万年基业，群臣们自然当仁不让，彼此争功，吵了一年多还吵不完。

汉高祖刘邦认为萧何功劳最大，就封萧何为侯，封地也最多。但群臣心中却不服，私底下议论纷纷。

封爵受禄的事情好不容易尘埃落定，众臣对席位的高低先后又群起争议，许多人都说："平阳侯曹参身受七十处伤，而且率兵攻城略地，屡战屡胜，功劳最多，应当排他第一。"

刘邦在封赏时已经偏袒萧何，委屈了一些功臣，所以在席位上难以再坚持己见，但在他心中，还是想将萧何排在首位。这时候，关内侯鄂君已揣测出刘邦的心意，于是就顺水推舟，自告奋勇地上前说道：

"大家的评议都错了？曹参虽然有战功，但都只是一时之功。皇上与楚霸王对抗五年，时常丢掉部队，四处逃避，萧何却常常从关中派员填补战线上的漏洞。楚、汉在荥阳对抗好几年，军中缺粮，也都是萧何辗转运送粮食到关中，粮饷才不至于匮乏。再说，皇上有好几次避走山东，都是靠萧何保全关中，才能顺利接济皇上的，这些才是万世之功。如今即使少了一百个曹参，对汉朝有什么影响？我们汉朝也不必靠他来保全啊？你们又凭什么认为一时之功高过万世之功呢？所以，我主张萧何第一，曹参居次。"

这番话正中刘邦的下怀，刘邦听了，自然高兴无比，连连称好，于是下令萧何排在首位，可以带剑上殿，上朝时也不必急行。而鄂君因此也被加封为"安平侯"，得到的封地多了将近一倍。他凭着自己察言观色的本领，能言善道，舌灿莲花，享尽了一生荣华富贵。

说话，要懂得什么时候说什么话；说了，还要为自己说过的话负责。一个人如果不是真材实料，如果没有真知灼见，从他嘴里吐出来的话也许能一时吸引他人，却不能一世蒙蔽他人。

说话要有分寸，分寸拿捏得好，很普通的一句话，也会平添几许分量，话少又精到，给人感觉深思熟虑。而说话的分寸取决于谈话的对象、话题和语境等诸多因素。换句话说，要言之有度。

有度的反面则是失度，什么叫作"失度"呢？一般说来，对人出言不逊，或当着众人之面揭人短处，或该说的没说，不该说的却都说了。这些都是"失度"的表现。下面我们就简要介绍一些在谈话中禁忌的话题，接触这些话题容易导致谈话"失度"，产生不良效果。

1. 随意询问健康状况

向初次见面或者还不相熟的人询问健康问题，会让人觉得你很唐突，当然如果是和十分亲密的人交谈，这种情况不在此列。

2. 谈论有争议性的话题

除非很清楚对方立场，否则应避免谈到具有争论性的敏感话题，如宗教、政治、党派等易引起双方抬杠或对立僵持的话题。

3. 谈话涉及他人的隐私

涉及别人隐私的话题不要轻易接触，这里包括年龄、东西的价钱、薪酬等，容易引起他人反感。

4. 个人的不幸

不要和同事提起他所遭受的伤害，例如他离婚了或是家人去世等。当然，若是对方主动提起，则要表现出同情并听他诉说，但不要为了满足自己的好奇心而追问不休。

5. 讲一些不同品味的故事

一些有色的笑话，在房间内说可能很有趣，但在大庭广众之下说，效果就不好了，容易引起他人的尴尬和反感。

在人际交往中，谈话要有分寸，认清自己的身份，适当考虑措辞。哪些话该说，哪些话不该说，应该怎样说才能获得更好的交谈效果，是谈话应注意的。

同时还要注意讲话尽量客观，实事求是，不夸大其词，不断章取义。讲话尽量真诚，要有善意，尽量不说刻薄挖苦别人的话，不说刺激伤害别人的话。

一定要把握好火候

把握说话的火候，主要就是把握说话的分寸。说话分寸的把握，我们在上文中已经讲了不少，现在着重讲一下在社交场上，如何在自己的上司面前说话，这是人际关系中一门重要的学问。我们如果能很好地把握好与上司说话的火候，前程与事业上的一些难题，自然会迎刃而解。

生活中，我们有时在上司面前说错了话，虽不至于掉脑袋，但后果却也会很糟糕。

俗话说，伴君如伴虎。上司毕竟不像一般同事。何况一般同事之间也应该注意分寸，说话不能太无所顾忌。与上司相处，平时说话交谈、汇报情况时，都要多加注意。特别是一些让上司不快的话，就更要小心把握。如：

"不行吗？没关系？"这话是对上司的不尊重，缺少敬意。退一步来讲，也是说话不讲方式方法，说了不该说的话。

"无所谓，都行？"这句话会让上司认为你感情冷漠，不懂礼节。

"您不清楚？"这句话就是对熟悉的朋友也会造成很大的伤害，对上司说这样的话，后果更加严重。

"有劳了？"这句话本来应该是上级对下级表示慰问或犒劳时说的，下级如果对上级这样说，后果似乎不太妙。不小心说错了话如何补救呢？在上司面前说错了话，一旦反应过来，要立即就此打住，马上道歉。不要因害怕而回避，应面对事实，尽量避免伤害对方的人格和面子，必要时可以再进行说明，而不必要的辩解只会越描越黑。

不经意地说："太晚了？"这句话的意思是嫌上司动作太慢，以至于快要误事了。在上司听来，肯定有"干吗不早点"的责备意味，你看这话能说吗？

"这事不好办？"上司分配工作任务下来，而下级却说"不好办"，这样直接地让上司下不了台，一方面说明自己在推卸责任，另一方面也显得上司没远见，让上司没有面子。

"您真让我感动？"其实，"感动"一词是上级对下级的用法，例如说："你们工作认真负责不怕吃苦，我很感动？"而晚辈对长辈或下级对上级用"感动"一词，就不太恰当了。尊重上司，应该说"佩服"。如："经理，我们都很佩服您的果断？"这样才算比较恰当。

另外，过度客气有时反而会招致误解。和上司说话应该小心谨慎，顾全大体。但顾虑过多则适得其反，容易遭受误解。所以应该善于妥善处理，以平常心去应付，习惯成自然，对这类情况就可以应付自如了。如果想克服胆小怕事的心态，有时越是谨慎小心，反而越容易出错，而一旦被上司误认为没有魅力，自然就得不到重用。

学会去掌控程度

世间没有绝对的对错好坏，凡事能够把握分寸，就是一种智慧。在夸赞别人这个问题上同样存在分寸拿捏不同，后果也不同的现象。如果赞美得当，那就是一种美德，但是不得当的赞美成为阿谀，难免遭人轻视。把握赞美的分寸十分重要。赞美能赢得友谊。赞美如花香，芬芳而宜人，能以赞美之言予人者，必得人缘，所以和人相处，最重要的就是赞美。基督教唱赞美诗，佛教唱炉香赞，神、佛也要人赞美，何况一般人呢。尤其当一个人灰心的时候，一句鼓励的话，能令他绝处逢生；当别人失望的时候，一句赞美的话，能使他重见光明。要想获得友谊，诚心地赞美别人，必定能如愿。

莎士比亚说过："我们得到的赞扬就是我们的工薪。"从这个意义上说，每个人都是别人"工薪"的支付者。你也应该慷慨地把这种"工薪"支付给你的朋友。我们平时听到的最多的牢骚是什么？不是"太累了"或"太苦了"，而是"干了这么多，谁也没有说个好字"。这类似的牢骚很能说明一个问题，即人们需要得到"工薪"，而应付"工薪"的人又太吝啬了。有人说，赞扬是一笔投资，只需片刻的思索就能得到意想不到的回报。这话有些道理，但似乎又含有太多的实用主义的味道。赞扬不应该仅仅为了报酬，它还是沟通情感、表示理解的方式，如同微笑一样，也是照在人们心灵上的阳光。

马克·吐温说："靠一句美好的赞扬我们能活上两个月。"这里所说的赞美，是指诚心诚意、真真实实的赞美，而不是虚伪的应酬话，也不是言不由衷的阿谀之辞。

阿谀会遭人轻视。做人要"日行一善"，其实日行一善并不难，赞美别人也是行善。但赞美不同于阿谀，阿谀是一种虚伪的奉承，所谓"好阿谀则是非之心起"，所以做人宁容谏诤之友，勿交阿谀之人，被人批评不可怕，受人阿谀才可畏。有的人赞美不当，成了逢迎拍马、阿谀奉承，也会受人轻视，因此做人不要阿谀谄媚，也要避免不当的赞美。

赞美和阿谀最大的区别在于出发点的不同。赞美一般是符合客观实际情况的，而阿谀往往是夸大其词。在日常交际中，要多一些真心诚意的赞美，少一些阿谀，这样最终会给你带来好名声。

1671 年 5 月，伦敦发生了一起举世震惊的盗窃案，一伙盗贼潜入伦敦市郊马丁塔，想要抢走英国"镇国之宝"——国王皇冠。因消息走漏，盗贼束手就擒。英王查理二世得知此事，非常震惊，决定亲自审问这些胆大包天的狂妄之徒。于是，罪大恶极的首犯布勒特被押到了国王面前。查理二世看着眼前这位其貌不扬的人，心中暗想：我倒要看看此人究竟有何能耐，居然敢盗国宝，想到这里，便开口问道："听说你还有男爵的头衔？""是的，陛下。"布勒特老实地回答。"我还听说你这个头衔是诱杀了一个叫艾默思的人而得来的。""陛下，我只是想看看他是否配得上您赐给他的那个高位，要是他轻而易举地被我打发掉，陛下就能挑选一个更适合的人来接替他。"查理二世沉思了一会儿，觉得布勒特不仅胆大包天而且口齿伶俐。于是又厉声问道："你胆子越来越大，竟然敢来盗我的王冠？""我知道我这个举动太狂妄了，但是，陛下，我只是想以此来提醒您关心一下我这个生活无依无靠的老兵。""哦，什么？你并不是我的部下。""陛下，我从来不曾对抗过您，现在天下太平，所有的臣民不都是您的部下？我当然也是您的部下。"说到这里，查理二世觉得布勒特更像是个无赖，"那你说吧，该怎么处理你？""从法律的角度说，我们应当被处死。但是，我们五个人每一位至少会有两位亲属为此而落泪。从陛下您的角度看，多十个人赞美总比多十个人落泪好得多。"查理二世没有想到他会如此回答，接着又问："传说中你是个劫富济贫的英雄，你觉得自己是个勇士还是懦夫？""陛下，我没有一个地方可以安身，到处有人抓我，去年我在家乡搞了一次假出殡，希望大家以为我死了而不再追捕我，这不是一个勇士的行为。因此，尽管在别人面前我是个勇士，但在陛下的权威面前我是个懦夫。"这番强词夺理的辩解竟然让查理二世大悦，最后竟赦免了布勒特。

　　人总是喜欢别人奉承的。有时，即使明知对方讲的是奉承话，心中还是免不了会沾沾自喜，这是人性的弱点。一个人受到别人夸赞，绝不会觉得厌恶，除非对方说得太离谱了。

　　当一个人听到别人的奉承话时，心中总是非常高兴，脸上堆满笑容，口里连说："哪里，我没那么好，你真是很会讲话。"即使事后冷静地回想，明知对方所讲的是奉承话，却还是抹不去心中的那份喜悦。因此，"说奉承话"是与人交际所必备的技巧，"奉承"话说得得体，会使你更讨人喜欢。"奉承"别人首要的条件，是要有一份诚挚认真的态度。言辞会反映一个人的心理，因而有口无心，或是轻率的说话态度，很容易被对方识破，而产生不快的感觉。"奉承"别人时也不可讲出与事实相差十万八千里的话。例如，你看到一位表情呆滞的孩子，却对他的母亲说："你的小孩看起来很聪明。"对方的感受会如何呢？本来是奉承话，却变成很大的讽刺，收到了相反的效果。若你说："你的小孩子好像很健康。"效果就会好些。所以，"奉承"别人要坦诚，这样，你所说的奉承话，会成为真正夸赞别人的话，对方听在耳中，感受自然和听一般奉承话不同。

要有恰当的称呼

称呼是指人们在正常交往应酬中，彼此所采用的称谓语。在日常生活中，称呼应当亲切、准确、合乎常规。正确恰当的称呼，体现了对对方的尊敬或与对方的亲密程度，也反映了自身的文化素质。

在社交中，人们对称呼是否恰当十分敏感。尤其是初次交往，称呼往往影响交际的效果。有时因称呼不当会使交际双方发生感情上的障碍。不同年龄、国家、地区、社会集团之间都有不同的称呼。

有时候，称呼别人不是为了满足自己，而是为了满足别人。试想遇到一位朋友，最近被提升了主任，当时就先跟他打招呼："主任，真想不到能在这儿见到你。"如果他听到你跟他打招呼，就会显得格外高兴。甚至你会发现，虽然平时他是个不大健谈的人，但那天却显得很健谈。

瑞典国王卡尔·哥史塔福访问旧金山，一位记者问国王希望自己怎么被称呼。他答道："你可以称呼我为国王陛下。"这是一个简单明了的回答。

称呼不仅仅是一种礼貌，不论我们如何称呼别人，其中最主要的是要传达这样的意思："你很重要""你很好""我对你很重视"。

使用称呼还要注意主次关系及年龄特点。如果对多人称呼，应以先长后幼、先上后下、先疏后亲的顺序为宜。如在宴请宾客时，一般以先董事长及夫人、后随员的顺序为宜。在一般接待中要按女士们、先生们、朋友们的顺序称呼。使用称呼时还要考虑心理因素。如有的人30多岁还没有结婚，就称其为"老张、老李"，会引起对方的不快。对没有结婚的女人称"太太、夫人"，她一定很反感，但对已婚的年轻女人称"小姐"，她一定会很高兴。

此外，称呼应该根据社会习惯来进行，例如称呼一般分为职务称、姓名称、职业称、一般称、代词称、年龄称。职务称：经理、科长、董事长、医生、律师、法官、教授等；姓名称：一般以姓或姓名加"同志、先生、女士、小姐"等；职业称：是以职业为特征的称呼。如上尉同志、秘书小姐、服务小姐等；一般称：太太、女士、小姐、先生、同志、师傅等；代词称：用代词"您""你们"等来代替其他称呼；年龄称：主要是以亲属名词"大爷、大妈、伯伯、叔叔、阿姨"等来相称；对工人：比自己年龄长的可称"老师傅"，与自己同龄或小于自己的人可称"同志、小同志、师傅、小师傅"；对农民：比自己年长的可称"大伯、大娘、大妈"，与自己同龄或小于自己的人可称"同志"，在北方也可称"大哥、大姐、老弟、小妹"等；对经济界人士：可用"先生、女士、小姐"等相称，也可用职务相称，如"董事长、经理、主任、科长"等；对知识界：可以用职业相称，如教授、老师、医生（大夫），还可以用"先生、女士、太太"等相称；对文艺体育界：可用职务称，如"团长、导演、教练、老师"等，对于一般的演职员、运动员，就不能称"演员"或"运动员"，而要称呼"先生"或"小姐"。

最后对自己的亲属，一般应按约定俗成的称谓称呼，但有时为了表示亲切，不必拘泥于标准的称谓。但对外人称呼自己的亲属，要用谦称。称自己长辈和年龄大于自己的亲属，可加"家"字，如"家父""家母""家兄"等。称辈分低的或年龄小于自己的亲属，可加"舍"字，如"舍弟""舍妹""舍侄"等。至于称自己的子女，可称"小儿""小女"等。

恰当的称呼是人际关系的关键，正所谓"各就其位，再行言谈"，方能事半功倍。

不能开玩笑过火

几个好朋友聚在一起时，大家开开玩笑，相互取乐，说话不受拘束，原是一件让人高兴的事。不过凡事有利也有弊，乐极生悲，因开玩笑而使朋友不快的事情也常常遇到。因此，有的人认为谈话时开玩笑应该避免。其实这大可不必。如果好朋友见面连开玩笑的话也不许说，那么生活也未免太乏味了。生活中我们真正要注意的是开玩笑的方法，即不开过头的玩笑。

开玩笑之前，你先要注意你所面对的对象是否能受得起你的玩笑。一般来讲人可分为三类：第一种，狡黠聪明。第二种人，敦厚诚实。第三种，则介乎两者之间。对第一种人，即狡黠聪明的人开玩笑，他不会使你占便宜的，结果是旗鼓相当，不分高下。第二种，敦厚诚实者，则无还击之计，亦无抵抗之力，这种人喜欢和大家一齐笑，任你如何把他取笑，他脾气绝好，不会动怒。对第一、二种人，你可以看看对方的情形，而知道能否开玩笑。唯有介乎两者之间的那种人，最应认真对待。这种人大概也爱和别人笑在一起，但一经别人取笑时，既无立刻还击的聪明机智，又无接纳别人玩笑的度量，如果是男的则变为恼羞成怒、反目不悦，如果是女的就独自痛哭一顿，说是受人欺侮。所以开玩笑之前，要先认识对方，最为安全。其次，要适可而止。开玩笑，一两句说过便完了，不要老是开一个人的玩笑，也不要连续开好几个人的玩笑，不然你必招来非议。

开玩笑本来是一种调解谈话气氛的良好方式，但使对方太难堪了，亦非开玩笑之道。你笑你的同学考试不及格，你笑你的朋友怕老婆，你笑你的亲戚做生意上了当而蚀本，你笑你的同伴在走路时跌了跤……这些都是需要同情的事件，你却拿来取笑，不仅使对方难于下台，且表现出你的冷酷。同样地，不可拿别人生理上的缺陷来做你开玩笑的资料，如斜眼、麻面、跛足、驼背等等，别人不幸的，你应该给予同情才是。如果在谈话的人中，有一位在生理上有缺陷，那么在谈话中，最要避免易使人联想到缺陷方面去的笑话。

例如：有一天，几个同事在办公室聊天，其中有一位李小姐提起她昨天配了一副眼镜，于是拿出来让大家看看她戴眼镜好看不好看。大家不愿扫她的兴都说很不错。这时，同事老王因此事想起一个笑话，便立刻说出来："有一个老小姐走进皮鞋店，试穿了好几双鞋子，当鞋店老板蹲下来替她量脚的尺寸时，这位老小姐是个近视眼，看到店老板光秃的头，以为是她自己的膝盖露出来了，连忙用裙子将它盖住，立刻她听到了声闷叫："混蛋！"店老板叫道，"保险丝又断了？"

接着是一片哄笑声，谁知事后竟从未见李小姐戴过眼镜，而且碰到老王再也不和他打一声招呼。

其中的原因不说自明。说者无心，听者有意，在老王来想，他只联想起一则近视眼的笑话。然而，李小姐则可能这样想：别人笑我戴眼镜不要紧，还影射我是个老小姐。

所以，说笑话要先看看对哪些人说，先想想会不会引起别人的误会。像上例的老王严重地伤了一个人的自尊，却是他始料不及的。

说话不能直来直去

我们在与人交往中，常常会听到这样的话："我这人是个直脾气，说错了你别见怪。"乍一听挺真诚，其实仔细推究起来，不免包含了另外一种意味，即给自己说错话或可能说错话开脱。那么既然有开脱之嫌，时间一长，难免会被听者窥破。这样一来，即使你当时确是无心之失，但还是会被对方误解，从而产生芥蒂。

因此，在我们日常谈话中，有时因为环境、气氛、心理等因素，有些内容不便直接说出来，要用婉转的语言来表达，即俗话说的转着弯说，就可以避免给对方造成不良刺激而破坏谈话的情绪，防止谈话无法进行下去。委婉又称婉曲、婉转，即说话者不直说本意，只是用婉曲含蓄的话来烘托暗示。

委婉和含蓄是紧密相连的，并非花言巧语，它是一种富于智慧、独具魅力的表达技巧，是为某种需要而采用的变通的办法。培根说："含蓄和得体，比口若悬河更可贵。"说明某些问题，适应某种场合，含蓄委婉地说话比直来直去让人受用得多。鲁迅有个叫川岛的日本学生，由于谈恋爱浪费很多时间，鲁迅为了提醒他，在送他的书上写道：

> 请你从"情人的拥抱"里，
>
> 暂时伸出一只手来，
>
> 接受着干燥无味的，
>
> 《中国小说史略》。

鲁迅的题词是含蓄的批评、含笑的提醒，不露声色而又意味深长。看到这样的赠言，必然会在一笑之余陷入深思和反省。

1984年，年过七旬的里根和年轻的蒙·代尔竞选总统。里根发表竞选演说时，有记者问："你不认为在这次选举中年龄会成为问题吗？"里根回答："我不打算利用我对手的年轻和阅历不深这一弱点。"

记者和里根的话都有"潜语"，记者认为里根年纪大了；里根认为我有经验。短短一句话，既扬己之长，又揭人之短，既毫不留情，又委婉客气。

据说，某个企业家飞赴香港创办实业公司时，受到各方重视，一下飞机就有记者采访。一位女记者问他："你带了多少钱来？"企业家随口便答："对女士不能问岁数，对男士不能问钱数。小姐，你说对吗？"含蓄回避，而又幽默俏皮，比之"支支吾吾""哼哼哈哈"地来掩饰，或用"恕我直言，无可奉告"来拒绝，效果明显要强上百倍。

别只顾着自己说话

社交中的说话，同站在教室中教课或是站在演讲台上演说有很大不同，教课和演说，只有你一个人在说话，别人不能插嘴。而社交中的说话，彼此在对等的位置，如果在这种谈话中，你一个人一直滔滔不绝如高山瀑布，永不停止地倾泻着，那对方就没有说话的机会，完全是你说人听了，这样的你肯定不会受人欢迎，甚至会被别人耻笑。

世界著名记者麦开逊说："不肯留神去听别人说话，是不受人欢迎的第一表现。"

每一个人都有着他自己的表现欲的，如几个人聚在一起讲述故事，甲一个一个地讲了好几个了，乙和丙谁不都是嘴痒痒的，也想来讲述一两个。可是，甲只管滔滔不绝地一个一个地讲下去，使乙和丙，想讲而没有机会讲。我们试想一下，乙和丙的心里一定不好受。因为他们自己没有说话的机会，专门听甲讲话，自然会没有精神听下去，只好站起来不欢而散了。

一个商店的售货员，拼命地称赞他的货物怎样好，而不给顾客说话的机会，就不能做成这位顾客的生意。因为你巧舌如簧、天花乱坠地说话，顾客顶多只把你看作一个生意经，决不会因此购买。反过来，你只有给顾客有说话的余地，使他对货物有询问或批评的机会，双方形成讨论和商谈才有机会做成你的生意。

一位钢铁大王说："倾听是我们对任何人的一种至高的恭维。"心理学家杰克·伍德说："很少人能拒绝接受专心注意、倾听所包含的赞美。"所以说，要注意倾听别人的讲话，而"倾听"本身就是一种"无言的赞美和恭维"。

你如果能够给别人有说话的机会，你也就给人留下了一个好印象，在接下来的交谈中你就更容易乘风远扬。顺利抵达自己说话的目的地。有这样一个小故事，有一个卖货的小店，生意比其他店好，别人问他为什么，他说："我只是爱听客人说话，他们有事愿到我这儿来。"

感情要把握一定的度

感情是说话中的必备，但一定要讲究"度"。人有时非常感性，容易冲动，如果不对感情加以自我控制，正所谓"过犹不及"，任凭情感泛滥，会让人厌恶，显得虚伪轻浮。心理学家卡洛·塔维斯说："不仅应该认识坦白之必要，而且要知道什么时候才应该坦白，坦白到什么程度。"不分对象、不顾场合的真情流露是要付出非常昂贵的代价的。

苏联已故领导人赫鲁晓夫曾在联合国大会上作过一次演说，感情充沛，内容丰富，本应收到很好的效果。可他在激动之中忘乎所以，竟脱下一只鞋拿在手里，代替手掌在讲台上使劲拍打，一时全场哗然。无独有偶，在第二次世界大战时，滑稽演员卓别林曾受邀去华盛顿作抗击法西斯公债募购演说，听众人山人海，卓别林也情绪激昂。由于他过于兴奋，竟从临时搭起的讲台上滑了下来。这还不说，他又一手抓住身边一位女明星，观众为之哗然，庄严肃穆的募捐险些成为一场闹剧。

无论有声语，还是势态语，都讲求自然、简明，富于变化，与情感的表达相宜适度。"不及"与"过度"都是不可取的，甚至是失败的。

有分寸还要学会虚心

古人讲"满招损，谦受益"。

谦虚是一种美德，是一个人涵养的外化。古往今来，人们给予它崇高的赞美。

谦虚之所以受到尊崇，就因为它是做人做事成功的法宝，但是在现实生活中，谦虚也并非想做就能做到，有的人得到领导的表扬、同事的夸奖，内心着实想谦虚一番，却寻找不到适当的表达方法。要么手足无措，面红耳赤，支支吾吾，要么说一些"归功于集体、归功于人民"的套话听起来让人觉得虚假。

那么，在社交场合，不同的时间，不同的环境，不同的氛围，如何用不同的方式表达自己的谦虚，才能给人留下一个良好的印象呢？

1. 转移对象

如果表扬或赞美使你感到在众人面前窘迫的话，你不妨想办法转移人们的注意力，使自己巧妙地"脱身"，把表扬或赞美的对象"嫁接"到别人的身上，但要有所依据，不然也会显得空和假。

2. 妙设喻体

直言谦虚，固然可取，但弄不好会给人一种虚假的感觉。特别是两个人之间，如果仅仅说"你比我强多了"这类话，容易有嘲讽之嫌。遇到这种情形，你不妨用一个比喻方式，巧妙地表达自己的谦虚。

3 自轻成绩

任何称赞和夸奖，都不可能毫无缘由，或者因为某件事，或者因为某方面的成绩。这时你不妨像绘画一样，轻描淡写地勾勒一笔，却在淡泊之中见神奇。

4. 相对肯定

面对别人的称赞，如果把自己说得一无是处，不但起不到谦虚的作用，反倒给人一种傲慢的感觉。正如俗话所说："过分的谦虚等于骄傲。"现实生活中，类似这样的情况屡见不鲜。所以，谦虚要掌握一定的分寸。

5. 征求批评

面对人们的赞美，诚恳地征求大家的批评，这是表现你谦虚精神的一种最有效的方法。但要注意适当适度，不然虚心也就变成了虚假。

我们在社交生活中，可以根据不同的场合、不同的环境、不同的交际对象，去不断创造自我，虚心学习。

只要虚心而诚挚，努力追求谦虚的品格，在谈话时保持平和坦诚的态度，尊重对方，就一定会成为一个受人敬重的人，说话的分量也会相应增加。

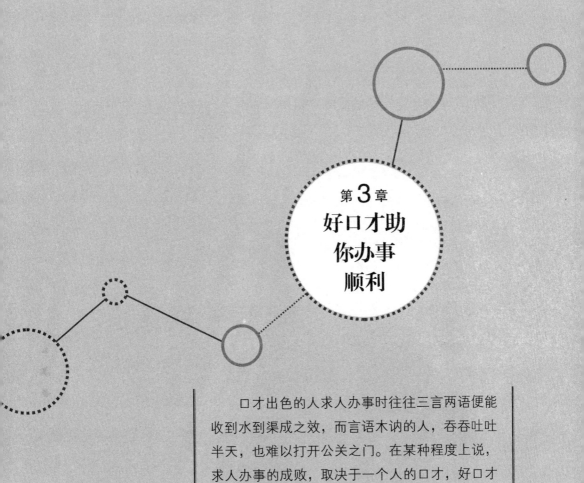

第3章
好口才助你办事顺利

口才出色的人求人办事时往往三言两语便能收到水到渠成之效，而言语木讷的人，吞吞吐吐半天，也难以打开公关之门。在某种程度上说，求人办事的成败，取决于一个人的口才，好口才能让你成功地打动人心。

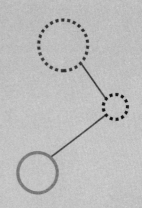

说服别人才能办好事

善于劝说，是一种极为可贵的能力。在求人办事的过程中，若能掌握一些说服人的技巧，你的努力就会收到意料之外的效果。一个人的说服力并不是一成不变的，它是可以用巧妙的表达技巧来增强的。以下几点，可以帮助你增强说服力：

1. 论据要坚实

什么样的论据才有说服力？这是一个很值得重视的问题。一个很基本的要求就是论据要坚实可靠，不可使人产生不信任感。向听者提供切实的资料比提供主张更有力。但对于一个犹豫不决的人来说，资料来源也是很有影响的，并且其影响之深不亚于资料本身。这并非因为人们只信任特定来源而不信任其他的来源，而是因为他们听到引述的话来自十分可信的权威，便不会再为自己的成见辩护。这是一种非常奇妙的心理作用。不过，引述权威的意见也不宜过分，过犹不及。资料太多也可能引起听者的反感。

2. 运用经验和例证

善于做劝服工作的人都知道，我们做事受个人的具体经验的影响，远比受空空洞洞的大道理的影响要大得多。对于一个病人来说，如果大夫劝她服用某种特殊药物，那么即使医生再三证明这种药物有效，说了许多的药理知识和道理，病人还是不免心存疑虑。但如果换一种方法，如医生告诉她：我自己也服这种药，只用了一个疗程就大病痊愈了。听了这样活生生的个人体验，病人也不会有所顾虑了。

心理学家莫恩在研究这种方法的效果时发现，成功的推销员往往更多地使用具体的例证向顾客说明——他们现在的选择已有人作过。

不少人认为，说服力很神秘，是一种天赋。实际上，它也是可以学习和提高的。只要你掌握了说服人的技巧，那么你便不怕无法说服他人，你就可以尝到求人办事成功的甜美之果。

3. 站在听众一边

心理学家的研究表明，要改变别人的想法，劝说者必须与听众站在一边，两者的关系越融洽，劝说的话便越容易入耳，因为人类有一个共同的天性，即喜欢听"自己人"说的话。纽约市立大学、布鲁克林学院的心理学家哈斯也说过："一个酿酒专家也许能告诉你许多理由为什么某一种牌子的啤酒比另一种牌子的要好。但如果你的朋友，不管他对啤酒是否在行，教你选购某种啤酒，你很可能听他的。"

另一位心理学家莫恩在加利福利亚州的一个海滩上搞了一个传播训练公司。他发现，最佳商品推销员都能模仿顾客的声调、音量和言词，表现顾客的姿态和情调，甚至还能下意识地在呼吸动作上与顾客相协调，好像是一架绝妙的反馈机器，把顾客发出的每一个信号反射回去。

毋庸讳言，这种在具体行动上，甚至是在些很微不足道的方面表现出来的，与你的听众情感一致而产生的亲近感与认同感，往往会使你得到巨大的感情回报和共鸣。而一旦建立了这种情感共鸣，还需要什么苦口婆心的劝诫与说服呢？

4. 考虑听者处境

假如你要到隔壁去，请那里的新婚夫妇参加一项社会公益活动，你要采用什么方法才能引起他们的兴趣呢？

平庸的劝说者可能会直截了当地说一番大道理，而善于劝人者则会先考虑对方的处境，赢得听者的信任。如果对方说自己正为某事烦恼，劝说者便会对他说："我理解你为什么会有这种感觉。要是我处在你的位置，也同样会烦恼的。"这样既表示了对人的同情，设身处地地为人设想，并为谈话留下了广阔的空间，巧妙地赢得了对方的注意。

善劝者听见对方反驳自己的话时，也会做出反应，但绝不会反驳。她会把反对的话重复一遍，承认其有道理。研究表明：劝说时，照顾双方的意见，比只提供单方面意见的说服力强得多。

成功办事由赞美开始

喜欢听好话、受赞美是人的天性之一。每个人都会因得到他人的赞美使自尊心和荣誉感得到满足。当我们听到别人对自己的赞赏，并感到愉悦和鼓舞时，自然会对说话者产生亲切感，从而使彼此之间的心理距离缩短、靠近。此时若抓住这个时机求人办事，往往是事半功倍。

下面是美国商界中，年薪最早超过百万美元的管理者查尔斯·斯科尔特的故事。

他在 1921 年被安德鲁·卡耐基选拔，成为新组建的美国钢铁公司第一任总裁，而当时他只有 38 岁。由于当时人们收入水平普遍较低，因此这 100 万美元的价值相当高。

为什么查尔斯·斯科尔特能够获得如此高的年薪呢？他是天才吗？当然不是，查尔斯·斯科尔特亲口说过，对于钢铁怎么样制造，他手下的许多人比他懂得还要多。

查尔斯·斯科尔特说，他能够拿到这么多的年薪，是因为他知道跟别人相处的本领，知道办事的诀窍。他说："我认为，我那些能够使员工鼓舞起来的能力，是我拥有的最大的资产。而能够让一个人发挥出最大能力的方法就是鼓励和赞美。"

只要是人，就都希望获得别人的赞美。没有人喜欢遭到别人的指责和批评。同样的道理，在办事的时候，你要与人打交道，赞美别人就是你求人办事的诀窍所在。

古时有一个说客，当众夸口说："小人虽不才，但极能奉承。平生有一愿，要将1000顶高帽子戴给我最先遇到的1000个人，现在已送出了999顶，只剩下最后一顶了。"有个长者听后摇头说道："我偏不信，你那最后一顶用什么方法也戴不到我的头上。"说客一听，忙拱手道："先生说得极是，不才从南到北，闯了大半辈子，但像先生这样秉性刚直、不喜奉承的人，委实没有。"长者顿时手拈胡须，洋洋自得地说："你真算得上是了解我的人啊。"听了这话，那位说客立即哈哈大笑："恭喜恭喜，我这最后一顶帽子刚刚送给先生你了。"

这只是一则笑话，但它却有深刻的寓意。除了那位说客的机智外，更体现了人们无法拒绝赞美之辞的道理。由此可见，古今中外，要建立良好的人际关系并促成某事，恰当地赞美别人是必不可少的。

我们每个人都希望自己得到别人的赞美，而实际上，我们花了很大的精力希望从他人那里得到赏识，而周围充分理解自己言行的人并不多，我们自己也很少评论那些发生在周围的、我们所喜欢的言行。这一点着实令人感到奇怪，因为表示赞赏是非常容易的，不需要任何代价，而在赞美别人后自己得到的回报却是多方面的。

人人都喜欢被赞美。美国著名社会活动家曾推行一条原则："给人一个好名声。"如果你能以诚挚的敬意和真心的赞扬满足他人的认同感和荣誉感，那么他人可能会变得更令人愉快、更通情达理、更乐于协力合作。

迂回求人好办事

　　求人办事能否成功，关键因素有很多，比如对方的性格、地位、当时的情况等，都是我们要考虑的重要因素。当对方不可能答应的时候，我们就得根据具体情况，采用迂回战术，这往往也是办成事的好办法。

　　迂回战术在人们的日常交往中常表现为一种策略性的智慧。人的心理往往会有许多不易琢磨之处，如有人想做某件明显不妥的事，若上前阻止的话，他可能就横下心硬是去做。尤其是年龄不成熟的孩子，对待问题和事情往往不能作出正确的判断。

　　有位教授的儿子在学校挨了老师的骂，回家后就大声说道："我恨这个老师，真想杀了他。"教授听了这句话便说："你若真的这么恨他，杀了他吧。"随后又加了一句："但你要知道，杀死人的人也被处死的，这点你必须考虑到。"孩子听了父亲这几句话后，就打消了报复老师的念头。

　　迂回战术对于一些防备心较强、心理较为固执的人来说，更是一种极好的应对办法。如上面这个例子，教授先顺着儿子的心理同意他的观点，然后又采用了迂回法，说明儿子做法的后果是他自己本身也会被处死，相信他儿子也不愿意被处死，教授的迂回战术也就成功了。

　　大书法家梁舟山的书法，风格独特，高雅动人，当时京师中的达官贵人以得梁舟山的书法作品而自豪。一次梁舟山从南方回京师，路过黄河。黄河水势极大，无法渡河，梁舟山被河督留在衙内。河督书房内有笔墨纸张，梁舟山就作消遣书写起来，几天就把厚厚一叠宣纸写了个精光。所书的作品既有大字条幅，也有小楷、小篆。河督办完事回来，看见满屋的字十分不悦地说："这些宣纸，都是我从产地购来，准备进京送人的，你却把它浪费了。"梁舟山十分尴尬。第二天，河督就派人把梁舟山送走了。梁舟山进京后，将这件事告诉好友。好友说："这河督在京做官时，曾托人向你要过字，你没有给他，这次他故意摆上笔墨纸张，给你一个样子，你写了字，他得了墨宝，反而不领情，把你数落一通，这实际上是报拒绝之恨。"梁舟山恍然大悟，悔恨不已。原来，河督正是用迂回的手段获取了梁舟的墨宝。

著名的法国农学家安端·帕尔曼切也通过迂回之法，成功在法国推广土豆种植。他在德国当俘虏时吃过土豆，回到法国后，决意要在自己的故乡培植它。可是花了很长时间他也未能说服任何人。1787年，他得到国王的许可，在一块出了名的低产田栽培土豆。根据他的请求这块地由一支身穿仪仗服装的、全副武装的国王卫队看守。但只是白天看守，到了晚上，警卫队就撤了。这时，人们受到"禁果"的引诱，每到晚上就来挖土豆，并把它栽在自己的菜园里。

迂回战术并不是高深莫测的，在日常生活中，即使是十岁的小姑娘也会自觉或不自觉地采用这一战术。

十岁的玛吉和妈妈相依为命。为了使玛吉高兴，妈妈答应涨工资就给她买玩具。前不久，老板去度假，委托母女俩照看他家的一条狗、一只猫和一只鹦鹉。老板临回来的前一天，玛吉去给那些小动物喂食物时，她一边喂鹦鹉，一边不断地自言自语："妈妈该涨工资了！妈妈该涨工资了！"这样，鹦鹉也学会了这句话。老板回来自然也听到了这句话。结果妈妈涨了工资，玛吉得到了玩具。玛吉借助鹦鹉学舌的作用，达到了母女俩的愿望，真是个聪明的孩子。

由此可见，以退为进的迂回战术，是一种有效的办事策略。它表面是退缩，实质是进攻，退是为了更好地进。就像拉弓箭一样，先把弓弦向后拉，目的是把箭射出去。但运用此法要注意三点：

（1）要知情，知己知彼，方能百战百胜。

（2）要有度，退要适度，进要有力，犹如拉弓，过度则弓弦易断，不够则不能把箭射远。

（3）生拉硬扯是不能取得好结果的，只有顺应对方的话题和心态，自然而然，顺理成章，才能退得巧妙，进得有力。

求人办事莫着急

在生活中，求人办事是不可避免的，但如果只单凭自己一个人的力量而不顺应时势，借助外人之力，往往难以成功。失败又导致焦躁心理，因为人们在不耐烦时，往往容易变得粗鲁无礼，固执己见，而使人感觉难以相处。这种行为是有害无益的，俗话说："心急吃不了热豆腐。"当一个人失去耐心的时候，同时也失去了明智的头脑。

春秋战国时代，秦国大举兴兵围攻赵国的都城邯郸，赵公子平原君多次写信给魏王及魏公子信陵君，请求魏国援救。魏王派将军晋鄙带领十万大军援救赵国，但又慑于秦国的威胁，便让晋鄙把军驻扎在邺地等待、观望形势的变化

平原君向魏国派出使者催促出兵救援，但魏国仍按兵不动，平原君一气之下又给信陵君写了一封信，谴责信陵君见死不救。信陵君接到这封信感到非常忧虑，但无论他采取什么办法游说，都无法说服魏王。信陵君此时真像热锅上的蚂蚁一样，他把自己手下的宾客集中起来，凑集了百余辆车马，想奔赴秦国，与平原君一同战死。

信陵君临行时经过夷门，见到了自己最器重的宾客——看门人侯嬴，侯

赢听了信陵君的慷慨陈词后非但不加鼓励，反而冷淡地说："公子您自勉吧，老臣不能随你一同去了。"

信陵君走出数里，心中很不是滋味，心想我对侯赢的待遇可算得上周到了，如今我将要去送死，他凭什么连一言半句送行的话都没有呢？信陵君越想越气，就叫宾客停下来等他，他又驾车返回去找侯赢。

信陵君回来的时候，侯赢正站在门口等他，笑着说："臣就知道公子会返回来的呀！"

于是，侯赢向信陵君说出了他心中的计策。信陵君恍然大悟，采用侯赢之计，利用魏王宠妾如姬窃得兵符，调动了晋鄙的十万大军，解除了秦国对邯郸的包围。

这就是历史上有名的窃符救赵的故事。

有些朋友求人时心急火燎，巴不得对方马上着手就办。如果对方一两天没有什么动静，便有些沉不住气了，一催再催，搞得人家很不耐烦。这也不是求人的正确态度。

也许，对方也有难处，不得不慢慢作打算；也许，他对应承你的事另有安排。一旦求了人家，就要充分相信人家。

由此可以看出，顺应时势，借助外力，请求他人就能以较小的代价成就较大的事情；如果在时机还没有成熟时就勉强去做，则很难奏效。在现实生活中怎么样顺应时势，克服自己的焦躁情绪是求人中应当注意的问题。

怎么样使自己变得耐心一点，在紧张的情况下也保持心平气和呢？也就是说在不同环境下怎么样消除烦躁的情绪，至少对它有所控制呢？

急性子的人都不愿意浪费时间，因此他们把时间安排得很紧，工作中的时间都安排得恰好，不容许有什么延误或什么差错。不过，要想万无一失，最好还是留有一定的余地，你所参加的约会越重要，预留的时间就应越充裕。如果是一场必不可错过的约会，那就应该留出大量的时间用作回旋的余地。

你如果感到十分烦躁，无法理清思绪，请运用你的想象力，努力使自己深深地潜入一个宁静的身心环境，进入一个稳定、美妙的境地。一位朋友说："当我感到思绪纷乱的时候，我就努力想象小河岸边那宁静的风景胜地，它常使我的紧张和烦躁情绪消退许多。"

克服急躁，保持心平气和的方法之一是经常检查自己是否常犯这种毛病。如果你的急躁情绪仅属偶然，你的烦躁便自动消失。但如果你总是怒火中烧，粗鲁无礼，那就应该认识到低估对自己是否看得过重了，以至于对任何人或任何事都不愿意等待。

做个有耐心的人不容易，做到平心静气是处世的一种境界、一种气度和一种修养。这种修养一旦形成，对求人办事具有重大作用，也是顺势求人最基本的要求。

"请"人好办事

生活中我们经常遇到这样的情形，同样一件事，同样身份的人，甲去请人办理则顺顺利利，事情也办得妥妥当当，乙去请人办则困难重重，事情也一塌糊涂。为什么这样呢？有人说这是人的因素，有人说这是办事技巧问题。其实这两种因素都不能排除，请人办事是社交中非常重要的一环，它考验一个人的综合素质，包括做人做事的艺术，其中有很多讲究。但其中最关键的就是要"请"字当先。

一句充满人情味的请求话，比通篇大道理更有说服力，因为人还是比较重情义的。生活中常常可以看到，以适应对方的心理需求而提出诚恳的请求，往往是成功的说服方法。

请求别人，要把握恰当的时机，对方时间宽裕、心情舒畅时，提出请求获得同意的可能性更大。再者，如果不是紧急的事，最好是在别人愉快或空闲时提出；当别人情绪不佳或事务繁忙的时候，最好不要打扰别人，因为此时的请求效果可能适得其反。

请求别人办事，无论大事还是小事，都要注重一个"请"字，不要认为是别人"理所当然"的事。如果对人开口称"喂"，闭口称"喂"，那非碰壁不可。另外，对别人的帮助表示感谢应该说得真诚。如你请朋友帮忙找到了一本想要的书，你可以这样说："谢谢了，没有你的帮助，我恐怕不能这么快就看到它。"

所以请求别人，一定要注意礼貌，"请"字当头，因为毕竟是你有求于人，如果请求别人对疑难问题指点迷津，应说："请教您一个问题，可以吗？"你不知道去市体育中心的路，应向路人问："请问到市体育中心的路怎么走？"在商店买东西，你应对服务小姐说："请把那个文具盒给我看看。"风从窗口吹进来，你对坐在窗户边的人说："请关一下窗，好吗？"凡有请求必须用请求语，这样对方容易接受。

请求别人，还要端正态度，注意语气。请求别人虽无须低声下气，但也绝不能高人一等，非得别人答应不可，而应当语气诚恳，平等对待。要用协商的语气，如"劳驾，让我过一下，行吗？""对不起，请别抽烟，好吗？""什么时候有空请跟我打打球，怎么样？"同时，还要体谅对方的心理："我知道这事对您来说不好办，但我实在没有办法，只好难为你了。"

当有客观原因，对方不能答应请求时，你也不要抱怨、愤怒甚至是恶语相加，你还得还礼道谢："谢谢你！""没关系，我再找找别人。""没事，你忙你的去吧。"这样对方在有条件帮忙时肯定会鼎力相助。如果你不能体谅对方，对对方施以抱怨，这等于堵死了再次向对方提出请求的通路。

什么情况说什么话

在《庄子》中有这样一则寓言：有一天，吴王率人登狙山，一群猴子见到有人来，纷纷逃进荆棘丛中。只有一只猴子，在吴王面前搔首弄姿，卖弄乖巧。吴王用箭射它，它反而拨弄箭头，更加肆无忌惮。于是吴王命手下人一齐放箭，把猴子射死了。

这只猴子之所以命丧黄泉，就在于它不分场合，随意卖弄。这则寓言告诉我们，做什么事情都要分清场合，不要死心眼，哪壶不开提哪壶，否则你得罪了人还不知道。说话也是这样，即说话办事时一定要分清情况，看什么人说什么话，不可不分对象、"病急乱投医"。

谈话的语言要视对方的修养而选择，做到能雅能俗，才不会令人有格格不入的反感。谈话的话题应该视对方的情形而定，再好的话题，若不能符合对方的习惯、喜好和需要，都无法引出彼此共同的话题来，只有相互聊得投机，才能设法慢慢地把话题引导进自己所要谈论的范围里。

在日常谈话中，一般人都是说些身边琐事，这或许是想向对方表示亲切。而在正式交谈中，希望你不要把老婆、儿女当作谈话的话题，否则总不免给人以不务正业的感觉。

谈话有时也可以先从政治、经济等比较严肃的题目开始，然后再涉猎到文学、艺术、个人兴趣等比较轻松的话题。总之，将自己的观念、见解堂堂正正地阐述出来，使得彼此都能在思想上产生共鸣，这才是最好的谈话。

一个善于求人的人，一定很注重礼貌，用词考究，不会说出不合时宜的话，因为他知道不得体的言辞往往会伤害别人，即使事后再想弥补也来不及了。相反地，如果你的举止很稳重，态度很温和，言辞中肯动听，双方自然就能谈得投机，求办的事自然也易办成。

所以为了要使对方对你产生好感，必须言语和善，讲话前先斟酌思量，不要想到什么说什么。那些心直口快的朋友平时要多培养一下自己深思慎言的习惯，切不可像随地吐痰似的不看身处何处就脱口而出，那样会影响到自身的形象。

既然要托人办事，大多是因为工作生活出现了困难和危机，比如家人生病、婚姻不睦、事业不顺等等，这些因素都会使人心力交瘁，不仅影响情绪，而且影响和周围人的交往。在处于情绪低潮时，请求别人给予关怀，伸出援助之手，是人之常情。但千万记住，不要把过度沮丧的情绪带到别人面前。托人办事儿，总是一副哭丧脸，会使人感晦气。

生活中的人各种各样，我们在生活工作中肯定会碰到不一样的人，对不同的人说不同的话，才能达到最好的办事效果。

友好地"赖"着对方

在求人办事的过程中，有时你怀着一片热心找到对方，对方明明能办，可就是找各种各样的借口和理由搪塞、推托或拒绝，搞得你无能为力，无可奈何，无计可施。有些人面对这种情况，脸皮很薄，自尊心强，经不住人家拒绝的打击，只要前进一受阻，他们就脸红，感到羞辱气恼，要么与人争吵闹崩，要么拂袖而去，再不回头。看起来这种人很有几分"骨气"，然而这样只顾面子而不想千方百计达到目的，于事业无益；但也有一部分性格顽强、不达目的誓不罢休的人，他们采用软缠硬磨法，友好地"赖"着对方，甚至赖着对方的地盘，不答应就是不撤退，不把事情办成就是不回头，搞得对方急不得恼不得，最后不得不答应他的要求，他这才鸣金收兵凯旋。

我们在求人时，既要有自尊，又不要过分自尊。为了达到交际目的，有时脸皮不妨厚一点，碰个钉子，脸不红，心不跳，不气不恼，照样微笑与人周旋，只要还有一丝希望就要全力争取，"软磨硬泡"。

"软磨硬泡"的特色是以消极的方式争取积极的效果，通过消耗彼此的时间和精力，给对方施加压力，从而达到影响和改变对方态度的目的。具体说来，软磨硬泡这种方法有如下几种具体的小窍门：

1. 足够的耐心是"软磨硬泡"的前提和基础

当交际受阻出现僵局时，人们的直接反应通常是烦躁、失意、恼火甚至发怒，然而这无助于事情的解决。你应理性地控制自己，采取忍耐的态度。一方面，忍耐所表现的是对对方处境的理解，是对转机到来的期待和对求人成功的自信。有了这种心境，你就能在精神上使自己处于强势的地位，能够方寸不乱，调动自己全部的聪明才智，想方设法去突破僵局，即使消耗一定的时间也在所不惜；另一方面，"软磨硬泡"消耗的是时间，而时间恰恰是一种武器。时间对谁都是宝贵的，人们最耗不起的是时间。所以，如果你以足够的耐心，摆出一副"打持久战"的架势与对方对垒，便会对对方的心理产生震慑。以"泡"对"拖"，足以促其改变初衷，加快办事速度。所以，你要沉住气，耐心地牺牲一点时间，反而可以争取到更多的时间。

2. "软磨硬泡"不仅要能"泡"，还要会"泡"

换言之，"泡"，不是消极地耗时间，也不是硬和人家耍无赖，而是要采取积极的行动影响对方、感化对方，促进事态向好的方向转化。

俗话说："人心都是肉长的。"不管双方认识上的差距有多大，只要你善于用行动证明你的诚意，就会促使对方去思索，进而理解你的苦心，从固执的框子里跳出来，那时你就将"泡"出希望。

3. "软磨硬泡"中要适时巧言攻心

有时候你去求人，对方推着不办，并不是不想办，而是有实际困难，或心有所疑。这时，你若仅仅靠行动去"泡"，很难奏效，甚至会把对方"泡"火了，缠烦了，更不利于办事。如遇这种情形，嘴巴上的功夫就显得十分重要了。要善解人意，抓住问题的症结，巧用语言攻心。话是打开心门的钥匙。当你把话说到点子上时，就会敲开对方心灵的大门。那么你的"软磨硬泡"也就真正起到作用了。

运用这种说服法，需有坚韧的性格才行，内坚外韧，对一时的失败，绝不灰心，找机会反复地找上门去，必然会如愿以偿。需要注意的是，运用此法要有分寸，超过限度，伤害了对方的感情，反而会收到反效果。所以要谨慎处理。软磨硬泡是办难事的一种特殊手段，之所以特殊是因为这一手段如果用好了可以打动对方，一旦用不好也能将事情搞砸。因此，如何在对方的耐心所能承受的最大限度下加以运用，使对方不致生厌恶之心，是"软磨硬泡"的重要技巧。

很多事情往往就在于能不能再坚持一下，坚持下去就会成功，这就需要放下自己的颜面，试着软磨硬泡一下又何妨。

办事交谈七大忌

求人办事，最能验证一个人的社交能力，尤其是语言表达能力。在某种程度上说，求人办事的成败，取决于一个人的语言功力，有了良好的口才，合适的话语，就能打动人，好口才是任何人求人办事的第一法宝。然而即使有良好的口才，如果不懂得灵活运用，也不能起到办事的效果。那么办事过程中的语言交谈有哪些忌讳呢？

1. 忌大话

生活中常常见到有的人明明是主动找上门来的，但为了顾全自己的脸面和维护个人的声誉，在介绍情况时，故意把大事化小，难题化易。有的还加上几句"像这样的问题我本来是完全可能解决的，只是由于种种客观原因，所以只好求你帮忙"之类的冠冕堂皇的话，这样求人帮助是没有好结果的。应如实讲明目前所处的困难和自己无力解决的实际情况，恳切地提出要帮助的请求。

2. 忌争辩

你是否喜欢和人争辩，以为你可以用议论压倒对方，并得到很大的益处呢？其实，你不必如此。即使对方表面屈服了，心里也必悻悻然，你一点好处也得不到。好争辩会损害别人的自尊心，因而对方会对你反感，你也因此失掉一些朋友。好胜是大多数人的缺点，没有人肯自认失败的。如果能够常常尊重别人的意见，你的意见也必被人尊重，你所主张的，就很容易得人拥护。你可以实现你的主张，你可左右别人的计划，但不是用争辩的方法来获取。

3. 忌质问

用质问的语气来谈话，是最易伤感情的。许多夫妻不睦，兄弟失和，同事交恶，都是由于一方喜欢以质问的态度来与对方谈话所致。除遇到辩论的场面，质问是大可不必的。如果你觉得对方的意见不对，不妨立刻把你的意见说出，何必一定要先来个质问，使对方难堪呢？有些人爱用质问的语气来纠正别人的错误，这足以破坏双方的情感。被质问的人往往会被弄得不知所措，自尊心受到大大的打击。尊重别人，是谈话艺术必需的条件，把对方为难一下，图一时之快，于人于己皆无好处。你不想别人损害你的尊严，你也不可损伤别人的自尊心。

4. 忌挑理

千万不要故意地与人为难，有的人专门喜欢表示自己与别人意见不同。这种处处故意表示自己与别人看法不同的人，和处处随声附和的人一样，都是不老实的。口才是你待人处世的一种方法，没有人愿意做一个口才很好却到处不受欢迎的人。不要为了表现你的口才，而到处逞能，惹人憎厌，口才一定要正确而灵活地表现。

5. 忌虚伪

对于你不知道的事情，不要冒充内行。不懂装懂是一种不老实的自欺欺人的行为，你知道多少，就说多少，没有人要求你做一个百科全书。即使一个很有学问的人，也未必无所不知。所以，坦白地承认你对于某些事情的无知，这绝不是一种耻辱，相反的，别人会认为你的谈话有值得考虑的价值，因为你不虚伪，没有吹牛。

6. 忌直白

对方谈话中不妥当的部分，固然需要加以指正，但妥当的部分也需加以直接的赞扬，对方因你的公平而心悦诚服。改变对方的主张时，最好能设法把自己的意思暗暗移植给对方，使他觉得是他自己修正，而不是由于你的批评。对于那些无可挽救的过失，站在朋友的立场，你应当给予恳切的指正，而不是严厉的责问。纠正对方时，最好用请教式的语气，用命令的口吻则效果不好。要注意保护对方的自尊心。

7. 忌炫耀

别对陌生人夸耀你的个人生活，例如你个人的成就，你的富有，或是你的儿子怎么了不起。不要在公共场合把朋友的缺点和失败当作谈资。不要老是重复同样的话题，不要到处诉苦和发牢骚，诉苦和发牢骚并不是一种良好的争取同情的手段。

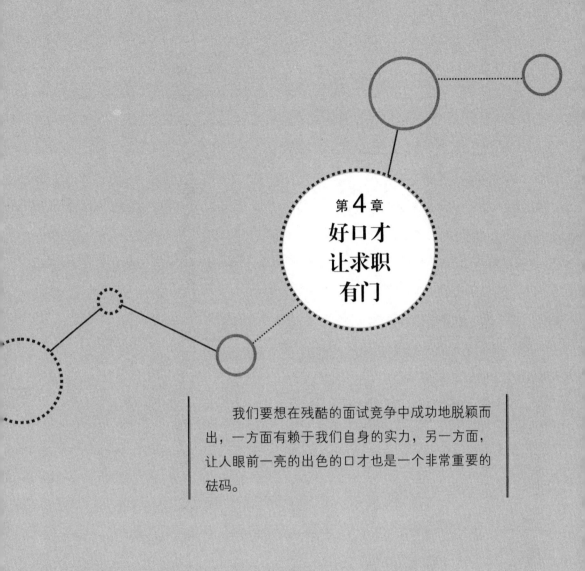

第4章
好口才
让求职
有门

我们要想在残酷的面试竞争中成功地脱颖而出，一方面有赖于我们自身的实力，另一方面，让人眼前一亮的出色的口才也是一个非常重要的砝码。

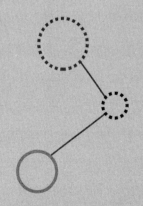

亮出一个精彩的自己

面试是我们求职过程中的第一个环节，其重要性自不必说。但如何展示自己的才能让大面试官录取你而非别人呢？诀窍就是要在面试中用勇敢地亮出一个精彩的自己。

战国时，七雄逐鹿中原以争天下，布衣毛遂自荐，前往楚国游说，把自己的说话才能发挥得淋漓尽致，终于使楚王派兵救赵，解赵之围，在中国历史上留下了毛遂自荐的千古佳话。我国的茅台酒饮誉海内外，可当初它在万国博览会上却因包装粗糙而遭冷遇。面对如此尴尬的局面，富于推销意识的华商急中生智，故意失手打翻酒瓶，使茅台酒"脱颖而出"，飘香五洲四海。

一个人要是能成功地亮出精彩的自己，就有可能获得你想要的职位。而成功展示自己的目的，就是为了要面试官能接受你、肯定你。能被面试官认可，那你就成功了。所以，我们今天必须丢开包袱，勇敢地展示自我。

当你走到面试官面前，即使他没有要求做自我介绍，你也应该主动地做一个自我介绍。因为，这不仅可以使面试官从你的介绍中了解你，而且你还可以通过自我介绍来展示自己的口才、应变能力、心理承受能力以及思维逻辑能力等等。要知道，这可是你迈进新单位门槛的第一次亮相，一定要好好把握，争取打响第一炮，在面试官心里留下深刻的第一印象。想要达到良好的效果，作为应聘者的你，要注意以下几点：

（1）穿着与你谋求的工作相适应的衣服，这样就让人产生你适合这一工作的印象，如果没条件做到，那也应该衣装整洁得体；面试之前，最好在家里先打个自我介绍的草稿，以免临场由于紧张而顾此失彼，失去了方寸。然后再试着讲述几次，找好感觉。

（2）准时。最好提早几分钟。迟到会给人留下不守时或者你对这份工作不重视的印象。

（3）如果还没有填好有关表格，一定要抓紧时间提前填好，字迹要清晰端正，不要有错别字，并想想如何回答有关问题。

（4）握手要稳重有力，但不要捏痛对方。如果约见者走出办公室见你，你该站起来，握手，然后拿起自己的东西立刻跟随其后，且脚步声不宜过重。

（5）进办公室后，坐姿端正，给对方一种你很注意姿态的印象。不要靠在桌子上或者躺在椅子上，把腿伸得太远。不要双臂叉胸而坐。坐着时别弯腰，姿态保持端正。

（6）自我介绍时应面带微笑，先礼貌地做一个极简短的开场白，并向所有的在场人员示意。如果面试官正在注意别的东西，可以稍微等一下，等他注意力转过来后才开始；自我介绍的时间长短要适宜，如果面试官规定了时间，一定要注意时间的掌握。

（7）介绍的内容不宜太多停留在诸如姓名、工作经历、时间等问题上，因为这些在你的简历表上已经有了。你应该更多地谈一些跟你所应聘职位有关的工作经历和所取得的成绩，以证明你确实有能力胜任你所应聘的工作职位。

（8）在做自我介绍时，眼睛千万不要东张西望，四处游离，显得漫不经心，这会给人做事随便、注意力不集中的感觉。眼睛最好多注视面试官，但也不能长久注视目不转睛。再就是尽量少加手部辅助动作，因为这毕竟不是在做演讲，保持一种得体的姿态也是很重要的。

（9）陈述你的专长时要直爽。不必过于自谦，但也不要带有自夸的语气。不管你对自己受过的教育感到骄傲还是自卑，都用平静的声音直述，并多强调你愿意多学，多努力。

（10）面带微笑。无论遇到怎样的情况，都要给人以友好的笑脸，这是征服对方的有力武器。

（11）别故意装老练。不要想用说笑话来化解紧张，这会使对方反感。称对方为先生或女士，不要直呼其名。

（12）如果你能表达出对某项特殊工作的兴趣最好，并指出为什么自己特别适合这项工作。比如，你应聘办事员或者秘书岗位，就要强调自己的办事能力，会打字和电脑，文字功底较好等。

（13）要热情饱满，但是不要天马行空乱谈一气。仔细听取提问、集中精力回答，否则别人会认为你不能专心致志，或者缺乏听话技巧。

（14）如有必要，向对方介绍自己以前的工作经验，特别是讲述自己从中学到了什么，包括社交能力、销售技巧和理财能力等。

（15）及时把工作经历、成功案例等面试前准备好的材料呈给对方，必要的时候可以进行一些解释。

（16）不要一开始就谈论报酬，而是当对方提出时才提出自己的要求。如果对方已答应录用但是又没有提到工资，你可以问自己这份工作的报酬。

（17）约见结束时，不要忘记与对方握手并表示感谢。回来后立即写信表示感谢，并着重指出自己对这份工作和该公司很感兴趣。如果两个星期后还没有得到答复，可打电话询问是否已经录取他人，或者自己是否还在对方的考虑之中。如果这份工作已录用了别人，就请对方留意自己，以后有机会时再联系。

最后要强调的是，一个饱满的精神状态，对表达一个自信的自己非常重要。只要有信心，定会亮出一个精彩的自己。

面试时语言要"出彩"

面试时，应发挥语言优势，把握时机。因为良好的语言是双向交流的关键。在面试过程中与用人单位的关系是一种双向交流关系，应聘者既要向用人单位推销自己，同时也要主动认识、了解和评价用人单位——不但要回答问题，还应向招聘者提出问题。你如果能够提出有意义的问题，不仅证明你有诚心做这份工作，还能证明你有较强的能力。

我们参加面试，在与考官的交谈及回答问题中，会说许多的话，这些话不可能句句出彩，但不能没有出彩的话。如果没有出彩的话语，你的面试就会平淡无奇，沉闷死寂，就会为你的成功埋下隐患；如果能有一句或几句出彩的话，或异常精彩的话，就能把你所有的面试语言带亮，就能形成面试的高潮进而为你的形象增光，为你的成功加分。那么，面试时，怎样让你的语言出彩呢？

1. 直言相告出彩

通常情况下，求职应试总是要说恭维话，为获得对方的好感而达到谋职的目的。但一味说好话也未必能打动人，有时发现对方有错误，直言相告，指出对方不足之处，令对方口服心服，常常也能达到求职的目的。

南京大学天文学系一名女毕业生在参加宝洁公司最后一轮面试时，大胆指出宝洁公司的不足并列举国外的事例加以佐证，使对方不得不折服，结果她被首先选中。

这位大学生之所以能胜过别的求职者，不仅是因为灵活地运用了说话的技巧，由"贴金"转变为说不足，而且这表明：首先，你已经在关心、研究该单位，并投身于该单位未来发展之路的探索了；其次，你想到这个单位来态度是认真的，目标是专一的，而不是抱着"进得了再说，进不了拉倒"的心态来随便试试看的。另外，你说得令人信服，还表明你研究之深、水平之高。这些都能帮助你求职成功。但必须注意，直言相告必须态度诚恳，具有建设性，具有可行性，且实事求是，说到点子上。

面试让语言出彩，并非都要豪言壮语、名言警句，像那些恰当的调侃、小幽默，也能使面试语言出彩，起到创造和谐轻松的气氛、打动考官的效果。

2. 坦诚出彩

小王的求职经历就是一个很好的例证。他高考落榜后到南方的一个城市去打工。然而，几乎所有的招聘单位不是要求应聘人有大专以上的文凭，就是要求有专业职称，而他什么都没有。正当他一筹莫展时，朋友给他出了一个主意："搞张假大学文凭"，并给了他办假"大学毕业证"的地址。朋友的建议被他当场否定了，但在好奇心的驱使下，还是决定去看看。第二天，他途中经过一家工厂，看见厂门前围着一群人，原来这家工厂正在招聘仓库管理员。他看自己的条件都符合招聘栏上的要求，于是强压住内心的激动，挤上前去高高举起自己的证件——身份证和已经起皱的高中毕业证书。负责招聘的小姐把所有应聘人的证件都收了进去，过了一会儿，她又退出一叠证件来。原来那些毕业证书全是假的，而他被选中面试了。

小王无疑是靠自己的真诚谋得了一份工作，假如他也弄一个假大学文凭，注定是要失去这次机会的。

3. 反驳出彩

有一个女孩子初次参加面试，顺利地通过了初试和复试，在决定能否聘用的面试中，招聘方总经理当面告知她没被聘用，理由是她形象不适合她所应聘的公关业务。原来，该女孩那天穿了一身日常的衣服，素面朝天，相貌平平，很不起眼。听到这样的话，女孩只能转身离去，又觉得很伤自尊。本来那扇门已经在她身后关闭了，她却头脑一热，突然转身又打开了那扇门，对主持面试的经理说道："主动权掌握在您的手里，说起来我没有讨价还价的资格。本来，您不需要任何理由就可以决定我是否被聘用，但您给了，而且给我的理由恰恰是一个不能让我接受的理由。我可以用一分钟换一套衣服，用两分钟换一种发型，但我的学识和内涵才是真正可贵的，我头脑冷静、随机应变的特质，才是公关职位真正需要的东西，而这是我多年来磨炼的结果，是无法用服装、发型等外在原因否定的。"本来，这个女孩想，既然已落聘，何不放下一切顾虑去反驳一下，直抒胸臆，出出气呢？结果第二天，公司与女孩联系，告诉她被录用了。

4.反问出彩

反问句是语言中的强句，是语言中的"盐"，它以比较强烈的方式表达自己的心声和感情，面试中恰当运用，也能使语言出彩。

小丁到一家"桑塔纳"轿车维修中心求职，论学历，该中心要求大学本科毕业，而小丁只是个职业中专毕业生；论技术，该中心要求会维修桑塔纳轿车，而小丁只修过摩托车，而且是业余的，可他却凭着自己出彩的语言，打动了经理，获得了成功。在面试中，经理最后对小丁还有些不放心，又提出了最后一个问题："那你学会修轿车以后，是不是又要'跳槽'呢"？小丁一听，灵机一动，答道："咱们这个企业效益这么好，我为什么要'跳槽'呢？我到哪里不是为了生活？我没有奢望，只要出师后，收入能维持一个普通人的生活就行了。当然，如果有天，咱们的企业也像我原先所在的单位，连每月300元的工资都发不了，经理，您到时候会让我永远在这儿待下去吗？我希望咱们的企业能永远兴旺发达下去,对这一点,您不是也在苦苦追寻吗？"这一席话，把经理说得忍俊不禁。在这里，小丁用第一个反问句，变被动为主动，非常巧妙讲明了自己的'跳槽'实属无奈，并非天生的"朝秦暮楚"。

接着又用了第二个反问句，既充分表达了对总经理领导能力的信任，又表明了自己"心系企业"的心情。入情入理，亲切感人。

5. 对比出彩

对比出彩就是运用具有鲜明对比作用的词语或句子，使面试语言出彩。

有一位求职者在面试中说："我十分愿意为贵公司效力，但如果由于名额有限不能效力帐下，我也不会气馁，我会继续努力。我相信，我如果不能成为您的得力助手，那我一定要成为您强有力的对手。"主考官听后，不由得心中暗暗点头。在这位求职者的话语中，"得力助手"与"强有力的对手"形成了强烈的对比，表现了这位求职者的不卑不亢，柔中带刚，具有巨大的震撼力和"威慑力"。

好口才助你过面试难关

求职面试时，主考官时不时会针对应试者的心理，提一些较难回答的问题，来检测面试者的综合能力。这些问题听起来让你一下子不知如何作答，答也不好，不答也不好，多答也不好，说少了好像也不行。还有的问题你又会感到不知从哪个角度作答更为有利或更为礼貌。有的看起来简单，实则危机四伏，一不小心就会使自己陷入困境。较难回答的问题有：

1. 你希望得到的薪水是多少

如果你对薪酬的要求太低，那么他们就会怀疑你的能力；如果要求太高，超出了公司承受的范围，公司同样不会考虑录用你；如果你不假思索地报一个数字，无论合适与否都会让人觉得你唐突和蛮撞。所以应在面试前做好准备，充分了解自己所从事的工作合理的市场价值。然后就可以不慌不忙地回答

"我听别人说这个职位的行情大概是……"，这样借话回答，有回旋的余地。当然，礼貌性反问也不失为一种好的方法。

2. 请谈谈你自己

这个问题很大，也是开场白中最典型的一个。从哪里谈都行，但滔滔不绝地讲上一个小时可不是面试者所希望的。显然，他想让你把你的背景和想得到的职位联系起来，因此当你回答这个问题时，心中应该牢记如下要点：

首先，回答的重点应该放在工作业绩、专业水准、特殊技能以及潜在能力和发展方向上。绝不要以为考官对你个人私事感兴趣，便说一大堆跟工作无关的琐事。你可以谈谈自己与众不同的观点，但还是谈和工作有关的比较妥当。

其次，以实例证明你所说的言论，回答问题要中心突出，尤其要提出一些特殊的例子，并强调过去的成就。

最后，言简意赅，一般不要超过两三分钟的时间。回答完之后，随即询问考官，是否还需要介绍自己别的方面。

3. 你如何评价自己的优缺点

这是面试中最常见，也是最棘手的问题。

面试者试图使你处于不利的境地，观察你在类似的困境中将做出什么反应。回答这样的问题应该充满自信地回答，用简洁的正面介绍抵消反面的问题。比如在回答优点时，应当首先强调你的能力或已具有的技能。如"学习能力、适应能力很强"，"人际关系很好"等都是可以提出的优点，但尽可能要提供与工作有关的证据。

在对自己的缺点进行评价时，最好的答案就是那些就工作而言可以成为优点的弱点。

例如，"我一专心工作就无法停止，一直到完成而且令人满意为止"，借此告诉考官，你不达目标，决不罢手，而且为自己的工作感到骄傲。

对于别人认为的缺点，自己觉得有些牵强时，不妨率直地附加说明：

"朋友们认为我有些浮躁，我不知道这样的批评是否正确，但我的确希望自己以后能再稳重一点，多听听别人的建议。任何长处到了极限也会成为短处。比方说，我能和别人合作得很好，这无疑是个优点。但我特别需要别人的帮助，不善于单独工作，现在我意识到了这个缺点，并努力克服。我可以高兴地告诉您，我已经在这些方面取得了一些进步。"

4. 你为什么想到本公司工作

如果回答"喜欢贵公司"是行不通的，尽管这可能是你的心里话。

回答这个问题，要紧紧围绕"公司提供的难得的机会最适合于自己的兴趣、经历"这一点。要让考官知道，你愿意效力于他的公司有充分的理由，而不是随便找一份工作。

此时你最好能够罗列出相当详细的资料，以表示出对贵公司的关注程度。例如，公司涉及的专业、生产线、经营地点，公司最新取得的成果，公司的财务状况等。能够聪明地谈论公司情况，可以迅速地使你从求职者中脱颖而出，尽管他们也曾想在那里找到工作。

比较蹩脚的回答是："由于贵公司每周休息两天，劳动环境好，福利设施完备。"这种回答对你不利。这个问题其实是问你到公司工作的动机是什么，换句话说，你进公司想干什么，因此这种回答根本不沾边。

5. 谈谈别人对你的评价

这与面试者的两种期望有关，一是你是否容易相处；二是许多面试者会在录用之前咨询你简历上的证明人，看看是否与你说的一样。这时你应该坦诚，但得有策略，不能什么都讲，两三点足矣。

6.你对以后有什么打算

这个问题一是在考察你能否把工作长久地干下去；二是考察你是有志向，还是好高骛远；三是考察你对生活、对工作的计划性。你应根据自身情况，就一点出发，简短作答，否则后果不堪设想。

7.原单位在规模、声誉、效益、待遇方面远胜于我们，你为何要来

一个人的价值不仅仅体现在薪水上面，一个人的成功靠的不是树大好乘凉，只要有用武之地，不管在什么地方都能体现自己的价值。虽然这个应答没有直接回答问题，但表明了自己的自信和抱负。

完美回答未必会成功

面试之前，一般人都会做好充分的准备。比如：面试者可能会问到的问题都有哪些，在作自我介绍时应该注意的事项，应当如何着装。但是不是充分准备后就能轻轻松松过关呢？其实，有时候过于完美的答案也未必能使面试成功。

小雯与小惠同时去一家贸易公司应聘，论能力，两人在英语水平、文案管理等方面不相上下，小雯的公关能力比小惠略胜一筹；而小惠的文字功底则强过小雯。二者实力相当，主考官难以取舍，最后，公司决定用一道测试题来决定谁留下。这个问题是：某天公司有一个技术上的紧急情况需要马上与客户沟通，但恰好在前一天，一直热恋的男友突然提出与你分手，你的心情坏到了极点。此时此刻，你准备用怎么样的心态去与客户打交道？

小雯反应极快，当即回答道：我会丢掉一切杂念，把公司的这件要紧事处理好。

小惠的回答则相反：主管，我今天可能会出错，因为我有点私人感情的问题，精神状态一时难以调整过来。我想请一天假由您代劳，以免由于我纷乱的心绪可能给公司带来不必要的损失。

听完她们的答复后，考官当场决定录用小惠。

按理说，小雯的回答如此完美，为什么却落选了呢？实际上，小雯的答案虽然很完美，却不真实。因为人是有感情的，情感方面的因素不可能不影响到工作情绪。相比之下，小惠的答复却说的是真心话，没有丝毫的矫揉造作。

现代很多企业用人，已经不单单看能力与技术，开始更多地关注到一个人的人品，也就是德行。

某企业在招聘员工时曾发生过这样一件事：经过层层筛选，几百名应聘者中只剩下不到10人闯到了最后一道关。这时，总经理出场了，他对每个单独会面的人都说了这么几句话："你还记得吗？半年前在一个研讨会上，我们已经见过面了。当时，你还宣读了一篇文章，写得真不错……"

其实，这只是个试探，总经理本人根本就没有参加过那次研讨会。但是，除了一位女孩外，所有的人都顺着总经理的话说："您一提醒，我想起来了，咱们确实见过面。至于那篇稿子，写得还不够透彻，希望您能多多指教……"

只有这位女孩听了总经理的话后，犹豫了片刻，但还是说了实话："总经理先生，我想您可能认错人了吧。我当时出差在外，不可能赶回来参加这个研讨会。非常抱歉，让您失望了……"总经理听了，却说："小姐，我们决定录用你了。"女孩的诚实帮她得到了这份工作。

现实中这样的例子不在少数。事实也证明，在面试过程中，并不是回答出完美的答案就是最佳的，有时往往你的完美，或许会先"落马"呢。

小赵应聘一家广告公司，主考官问她对另一家广告公司近期策划的一个大型活动有何看法。作为业内人士，小赵知道该活动影响较大，而且创意及实施都相当成功，并收到了良好的社会和经济效益。但想到那家公司和自己应聘的公司是竞争对方，若说对方好话可能会惹主考官不高兴，于是，她就很含糊地指出了该活动中几点不太成功的地方，但剖析问题又不着重点。结果主考官却说："是吗？我反倒认为这次活动非常成功，很值得我们公司学习借鉴。"听到这句话，小赵追悔莫及，最后落选。

以上这些事例都是告诉大家，面试中，不要一味迎合考官，而要注意辨别其中的陷阱，小心上了考官的当。

有话要好"说"

大家都知道，有限的面试时间根本无法完全展示出一个人的思想、才智、修养，那么面试官根据什么来判断你是否适合所招聘的职位，从而决定是否录用你呢？关键就是你的言谈举止。因为"说"是表达自我的一个重要的手段。事实上，面试官录用的不仅仅是他眼中的你，更重要的是你口中的你自己。对于一场面试来说，最关键的自然就是一个"说"字了。那么，在面试中怎么样说才能达到表现自我的目的呢？

1. 说好第一句话

据统计，有70%的应试者在参加面试时，不主动说第一句话，而只是沉默地等待主考人的发问。有的人虽然采取了主动，但话却说得很不得体。如"嗯，我来了""我准备好了，请提问题吧。"一般来说，第一句话可以是问候、请示或做自我介绍，如"您好，我是某某某，参加面试的"等等，要根据当时的实际情况灵活掌握，不能弄巧成拙。创造良好的开端，可以给主考人留下良好的形象。

2. 积极参与谈话

大多数主考人都喜欢积极参与谈话、性格开朗的人。因此，应试者不能消极被动地坐在那里等着回答问题，而是要积极主动地参与交谈，适时调控面谈的进程，达到说服对方的目的。当然，交谈要掌握分寸，把握要点，不要说一些与面试无关的事情，要知道，话说得过多就难免失之轻率，更会给人喧宾夺主的感觉，产生不好的效果。

3. 采用呼应式交谈

现代社会的招聘与应聘是一个双向选择的过程，而面试更是一个互动的环节。它既不同于当众演讲，又不同于自言自语，它重视的是双方相互之间的呼应。成功的对话是一个相互应答的过程，自己的每一句话都应该是对方上一句话的继续，并给对方提供发言的余地。对于主考人说话中的风趣幽默之处，也应适当报以微笑。

4. 弄清提问的内容

面试中，主考人提出的问题过大，以至于不知道从何答起，或对问题的意思不明白，是常有的事。这时不能想当然地理解，答非所问。如果对方的问题过大，你不应该当面指出"你的问题很模糊，不可能知道你想问什么"，最好是婉转地表示自己不太明白对方要求哪一方面的答案，说"不知道您想问的是不是……"。对于没有听清的问题，可以要求对方重复一次，不能胡乱猜测，信口开河。

5. 恰当处理说错话

应试者在面试时由于紧张，容易脱口而出说错话。这时不应该懊悔万分，心慌意乱，这样只能越发紧张，接下去的表现会更糟糕，最好的办法是保持镇静。若说错的话无关紧要，可以若无其事，专心继续应答。因为主考人不会因一点小错误而放过合适的人才，且主考人也会理解你因为心情紧张说错话。若说错的话是比较重要的，应该在合适的时间更正并道歉。例如"对不起，刚才我有点紧张，好像讲错了，我的意思是……，而不是……，请原谅。"出错后弥补自己的过失需要很大的勇气，但主考人往往会欣赏应试者的坦诚态度。

6.重视最后的道别

这是给人好印象的要点之一。虽然最后的动作并不能代替你之前的表现，但毋庸讳言的是，最后的道别却更能给对方留下深刻的印象。

总之，应试者在介绍情况、回答问题时，既不能冗长烦琐，也不要混乱晦涩。应该尽量做到，一是把自己的意思完整地表达出来；二是要条理清楚，层次分明，合乎逻辑思维；三是语言要简练，没有废话；四是语速适中，不急不缓，平时说话快的尽量把语速降低下来；五是声音大小要适中，太小显得信心不足，太大会使人感到很不自在，说话的声音只要让主考人听清就行了。

面试应答七种绝技

面试一般采用问答的形式进行，所以应试者要想获得面试的成功，是应该掌握一些应答的技巧。

1.有问必答

不管是什么问题，都要作出回答。这是最基本的原则，对于考官的问题，有的虽然刁钻，但可能是测试你的应变技巧、反应能力，不管你反应能力如何，总得有一个答案，如果拒绝或者说"这个问题很难回答……"那么，你获胜的可能性就不大了。

2. 引石攻玉

有些问题如果硬要回答会漏洞百出。比如考官问你："如果把这个职位交给你，你有什么样的工作计划？"如果你有很熟练的相关工作经验和对这个单位状况的分析，也许能说出个一二三来。否则，你就回答："我只有在接手这个职位后，才能根据实际情况制订相应的工作计划。"这样会给考官留下你不尚空谈、比较注重实际的稳重型人才的印象。

3. 不避实就虚

有些专业性很强的问题，如果你又确实不懂，就坦率承认，千万别说"我想想"，再怎么想也没有结果，只会给考官留下不懂装懂的印象，有时考官出这一类问题纯粹是想验证一下你是否诚实，如果你坦率承认自己不懂，就正好通过了考官对你在这方面的测评。

4. 旁敲侧击

有些问题要想正面回答等于是否定自己，因此要设法将可能否定自己的话，转化成肯定自己的话。例如，考官问你是否曾在食品厂工作过，然而你却只在酒厂工作过。如果你据实回答这个问题，答案只能是"没有"。你可以这样说："没在食品厂工作过。但我在酒厂工作多年，我认为酒厂与食品厂在某些工艺上有相似之处，而且企业管理应该是相通的。"这等于变否定为肯定的回答。

5. 大题小做

考官有时会问一些"很大"的题目，比如问"说说你自己"，至于具体是什么，并没有限定，但他要的答案并不是你个人事无巨细的全部，因此，你必须大题小做，不要没选择、没目的地说起来。一般说来，"大"题"小"作的技巧是，围绕你应聘的职位来谈。以"说说你自己"为例，谈论与应聘岗位相关的知识、技能、经验方面即可，考官如果有兴趣再了解你的其他情况，他会发问的。这样的问题往往出现在面试开始时，考官等于不出任何问题，而让你先打开话匣子，因此你必须有意识地把话题拉到你的能力、性格优点、学识、经验等方面来，不能错过这样的好机会。

6. 反戈一击

有些问题太过刁钻，而且实在无法回答，不妨反戈一击，反问对方，也能起到意想不到的效果。例如：

民国时期，某主考官见一位朱姓考生知识渊博，思维敏捷，面对各类问题对答如流，于是他突发异想，抛开原定题目，出了一道偏题："《总理遗嘱》，每次纪念大会上都要诵读，请你回答一共多少字？"这下可真把朱某考住了。他暗想，主考官出此题目未免脱离常规，既然有意刁难，录取必然无望，就不管一切，大胆反问："主考官的尊姓大名，天天目睹手写，也已烂熟，请问共有几笔？"主考官想不到应考者竟会如此反问，一时愣住。事后，主考官十分赏识朱某的才能和胆识，于是亲自录用为县长。

7. 主动出击

如果考官问完了问题，又没立即结束谈话的意思，你可以礼貌地问一句："不知道我说清楚了没有？请问你还有什么需要我介绍的？"这样主考官会认为你是一个反应灵敏、主动性强的有心人，从而对你另眼相看，你成功的机会也就大一些了。

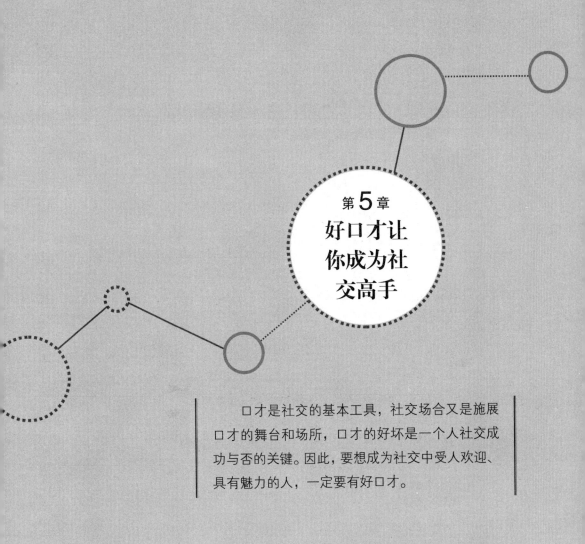

第5章
好口才让
你成为社
交高手

口才是社交的基本工具，社交场合又是施展口才的舞台和场所，口才的好坏是一个人社交成功与否的关键。因此，要想成为社交中受人欢迎、具有魅力的人，一定要有好口才。

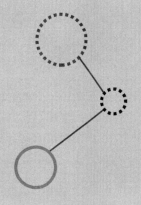

口才交际，成功的阶梯

口才是现代人才的基本素质、思维敏捷、能言善辨是事业成功的保证，一个善于说话的人，首先必定具有敏锐的观察力，能深刻认识事物，只有这样，说出话来才能一针见血，准确地反映事物的本质；其次，还必须有严密的思维能力，懂得怎样分析，判断和推理，说出话来才能滴水不漏，有条有理；最后，还必须有流畅的表达能力。知识渊博，话才能说得生动通顺。口才是一个人综合能力的体现，所以说：口才是知识的标志，是人际交往必备的工具，是事业成功的阶梯。

在 2000 年记者节"点击中国记者"活动中，东方时空节目主持人白岩松又一次展示了他口才的魅力。在这次活动中，一位女记者向他提出了两个比较难答的问题："如果把节目（指白岩松新主持的节目《子夜》）的完美比作地平线的话，您认为距离这地平线有多远？另外，您的新节目起点有多高？

白岩松未加思索就回答了她："距离完美的地平线就一天的路程——明天，就在明天。至于我的新节目的起点嘛，是一米七九——也就是我的身高。"两句妙答赢得了包括那位女记者在内的全场观众的热烈掌声。

记者的提问往往是出其不意的，从轰动全球的国际事件，到使你面红耳赤的生活隐私，没有一样不是记者所关心的，对此很多职场外交人员都不敢掉以轻心，一旦有个闪失，很可能引起一些麻烦。而白岩松面对记者咄咄逼人的问话，丝毫没有惊慌失措，而是冷静应付，妙言相答，以他绝对的口才赢得了职场上的成功。

现代社会是一个竞争与合作的社会，有的人在竞争中失败，有的人在合作中成功，其中奥妙何在？生意场上有"金口玉言"，"利言攸先"之说；文化界有"点睛之笔"，"破题之语"，生活中常有生死荣辱系于一言之说。可见，在现代交际中，是否能说，是否会说，以及与言谈交际相关知识能力的多寡，实在影响着一个人的成功和失败。

在社会上，人们的能力有高有低。要想快速地了解他们，不妨看看他们的口才，口语能力的高低，其主要表现是说话的艺术，语言的力量能征服世界上最复杂的东西——人的心灵。通过成功的口才这一媒介，不熟识的人可以熟识起来，长期形成的隔阂可以消失，甚至单位之间，社会集团之间，国家之间的矛盾有时也可以通过它得到解决，若是语言运用不当，也可能交际失败，甚至损害自身的形象。

追寻人际交往的动情点

生活中，常有一些日子与特定场景让人极容易动情——这是一些让人充满遐思与期盼的富有纪念性的日子。抓住这些动情点，适当地传递充满深情的祝福话，若是朋友，足可以使友谊之花再次盛开；若是恋人，足可以增添几分甜蜜几分浪漫；若是家人，足可以温暖每一个成员的心房；若是同事，则会多几分亲近和信任。

志红与紫琦是一对合租的姐妹，但由于她们中一个来自北方，一个来自南方；一个来自城市，一个来自乡村。无论是生活习惯，还是做事方法、思维方式都有很大的差异，这些都使她们相处得不是很融洽，一段时间以来总是磕磕碰碰，大矛盾没有，小矛盾不断，使她各自的生活都感觉很压抑。她们甚至想过要分开住，但是北京的房子本来就不好找，再去寻找合适的合租伙伴就更是难上加难。虽然她们心里不愉快，毕竟彼此身上也并没有什么让人无法容忍的毛病，最起码住在一起是很踏实的，她们并不想真正地分开再各自寻找住处。

有一天，她们又不知道是为了什么互相之间不再说话，不再打招呼了，居室里的空气也几乎可以让人窒息。来自乡村的志红不想让这种气氛继续下去，她决定寻找一个合适的方法打破僵局。她仔细地回想着，她们几天来的相处，琢磨着她们为什么又成了这样，但百思不得其解，因为她们之间从来也没有发生过明显的矛盾，或许又是一些生活习惯上的小毛病让双方不想开口了吧。但不管如何她都想打破这场僵局。

晚上看电视的时候，电视中有人过生日，还唱着欢乐的生日歌。这一场景一下子提醒了志红，她想了起来，第二天就是紫琦的生日了。

于是志红第二天下班没有直接回家，而是先去商场里挑选了一个漂亮的紫色花瓶，并用鲜亮的包装纸特意包装了一下，加上由彩带做成的蝴蝶结，也使整个礼物显得非常的美观大方。回到家里，拿出准备好的便签纸，写上几句优美的生日祝福话，亲手送给了紫琦。能收到礼物本来就是在紫琦的意料之外，再打开礼物一看正是她喜欢已久的花瓶，一下子就开心地笑了。然后还亲自动手给志红做了一顿丰盛的晚餐，两个人开开心心地合好了。

这则故事中，志红就是巧用了紫琦的生日及时送上了自己的关心，抓住生日这个动情点，温馨而又充满情谊地打破了朋友间的僵局。

在日常的人际交往中，若能处处留心，这样的动情点会有很多。比如，这一天是金榜题名时，要重新开始人生旅途中新的征程；这一天，是论文答辩成功时，即将走向社会开始建树人生；这一天，是你与心上人的良宵佳日、洞房花烛时，充满了甜蜜与浪漫的回忆；这一天，是烛光摇荡的生日，又令你回头注目人生道路上的深浅脚印；这一天是新春佳节，这一天是中秋月圆……所有这些都令人充满激情。

这就是人际交往中存在的许许多多美丽的动情点，这就是人际交往中处处时时体现了人类真善美的闪光的动情点。

在一个家庭中，上下辈的理解与沟通，夫妻间的关心体贴，兄弟间的手足亲情，就正体现在你对亲人的某些动情点的追寻上。聪明的婆婆每一年都会记着给她的儿媳过生日的；孝顺的儿女每逢父母生病时，总是会守候在父母的病床前的；一次电话，一个短信，一个拥抱，都可以是儿女在佳期将至时对他们亲人祝贺的一份薄礼。有一位丈夫，就是在妻子生日的日子，用一束鲜花，一个美丽的生日蛋糕，红黄蓝的小蜡烛，创造出一个欢快祥和，充满爱的温馨气氛，来弥合他与妻子婚后数年日趋扩大的感情裂痕，驱散笼罩在他们各自心头的阴影，使妻子出现了多年来难得一见的蜜意柔情的。追寻动情点，让你给你的家庭带来美满和谐和温馨。

在一个单位里，同事间的相互配合关照，朋友间的相互理解尊重，也常体现在你对他人的许多动情点的捕捉追寻上。当朋友成功的时候你不妨真挚地去祝贺一声；当同事遭遇不幸的时候，你也不妨诚恳地去安慰一下。宽容地付出，大度地付出，你一丝一毫爱的举动都能激起他人感情世界的层层涟漪。朋友告诉我，他就是在一次吊唁一位同事病逝的母亲的过程中，融洽了他与那一位同事间的关系。那一次，十多里的路程，一路泥泞，一路辛苦，终于使彼此间两年多久积的误会与埋怨一扫而空。这是对难得时机多么准确的把握啊！追寻动情点，将给你和你的同事朋友之间带来无限的真情。

在上下级间，也存在领导者们对其下属动情点的把握与追寻。从衣食住行到婚丧嫁娶，从节日慰问到病中探视，领导者每一个细微的关注都会激起下属内心深处高昂的积极性，领导者每一个动情点的追寻都会唤起职工们加倍工作的巨大热情。追寻动情点，将给你和你的下属带来一种全新的上下级关系。

在我们的人际交往中，追寻那些美丽璀璨的动情点，它将使我们的心灵世界充满阳光，充满爱意，充满温馨。

见面说话礼先行

荀子说："人无礼则不生，事无礼则不成，国无礼则不宁。"所谓"礼"，是教人尊敬与关心他人，使之合乎情理。所谓"节"，是教人言谈举止恰如其分，使之合乎事理。因而，大到国与国之间，小到人与人之间的交往，遵守礼仪，多多益善。

社会学认为，人的一辈子要扮演诸多角色：为人子女，为人夫妻，为人父母，为人下属，为人领导；与人为友，与人作对，与人为邻……一刻都不得空闲，不管你喜不喜欢，由此而衍生出来的各种关系把你困在网中央。

当你与人交往时，第一要求就是要做到言之有理。如当你在日常生活、工作中与人见面，说话要讲究语言的文雅。

有一次，一位中国乘客坐飞机时，一位后到的外国乘客要进入他的里座，这位外国人非常礼貌地说"pardon"（对不起），当他侧身进去时，又因通道狭窄，两人身体擦了一下，外国人点头致意，说"sorry"（抱歉）。这位外国人的友善话语博得了对方的好感。在社交场合，你应尽量选择温和、亲切的语调、语气，以显示你的友善，同样的话语，如果使用的语调、语气不同，表达的意思也不同。同样是一句"对不起"，可以表示致歉或友善的情感，也可以表示威胁或讽刺、挖苦。

今天的社会及职场所欠缺的常常就是这些看似不起眼的礼貌用语和举止。在现实生活中也不乏有这样的事例：有些仪表堂堂的男士，尽管他衣冠楚楚，俨然绅士，但由于举止轻浮、言谈粗鲁，仍然给人留下了十分不好的印象；而另一些温文尔雅、彬彬有礼的男士，尽管其仪表稍差一些，但由于说话礼貌、举止得体，仍能给人留下好的印象。那些阅历丰富，独具慧眼的人往往更习惯于依据一个人的举止，尤其是一些细微的举止来判断人，因为人的仪表可以通过别具匠心的包装而在一夜之间彻底改观，而人的举止则需要长期的培养与累积才能形成。因此，为了自己成功地交际，我们要时刻注意见面说话要"礼"先行。

首先，开口说话太俗为一忌。如对长者不喊"大爷""大妈""先生"，而是叫"老头""老太婆"之类的俗称，对幼者不是用"小朋友""小同学"之类称呼，而是用"小把戏""小东西""小家伙"，这样的俗称有时用在家庭或朋友间倒也未尝不可，但与人接触之初就不行了。

其次，开口说话太粗为二忌。鲁迅先生在半个多世纪之前写过一篇杂文，名之为《论"他妈的"》，批评中国的不少人，就连父与子，幼与长都用"他妈的"，对此，鲁迅感慨万千地称之为"国骂"，他说："其实，好的中国人之中，并不随口骂人的多得很，不应该将上海流氓的行为加在他们身上。"我们一定要把讲粗话这种"流氓恶习"彻底铲去，如同古人所说的那样："刻薄语，秽污语，市井气，切戒之。"与人见面时，说话还要讲究话语的和气。心平气和地同别人说话，要以理服人，不要用权势去压服人，更不要恶语伤人。如政府推行"公务员礼规"，规定说话必须和气，有礼节；警员在马路上有权检查人们的身份证，检查完毕，很客气地说"打搅你了，你可以走了"。双层巴士（公共汽车）车身入口写有"超载属违例，乘客请合作"。银行营业大厅内墙上写有"废纸杂物请投入箱内，多谢合作"。公共厕所内墙上写着"地面较滑，敬请小心"等。

与人见面时，说话还要做到话语谦逊，要养成对人用尊敬话语、对己用谦辞的语言习惯，一般应称呼对方为"您""同志""先生"，不要动不动就喊"喂"。要多用商量和祈求的语气，少用或不用命令的语气，客人来了应热情招待说"您请坐"，送客时说一声"欢迎您再来"。感到室内闷了，可以问一声"打开窗户好吗"；在公共汽车上，有人挡道，就说"同志，请您让一让"。这种谦逊的口气，让人乐于接受。

"兜圈子"的技巧

一位农村小伙和姑娘相互暗恋，都羞于直接表白。一天，两人在田间相遇，姑娘灵机一动，指着在花间飞动的蝴蝶问小伙："你说为什么只见蝴蝶恋花，不见花追蝴蝶呢？"小伙一时发懵，"花怎么能追蝴蝶呢？"转瞬明白了对方的意思，坦率地表达了对姑娘的爱慕之情。这位姑娘此情此景就用了兜圈子的技巧，言在此而意在彼，话语婉曲、巧妙，既实现了完美的表情达意，又不丢脸面，不留人口实，获得了一种含蓄委婉的言语效果。

在以往心直口快、快言直语的人都是被人们所称赞的，因为这样的人真诚、实在。但现在已经越来越不受欢迎了，因为有时候，直言快语的效果并不佳，轻者损害人际关系的和谐，重者会因为心无城府而造成不少的麻烦，违背言语交际的初衷，尤其是在特殊的情景下，也着实不能实话直说。所以有时有意绕开中心话题和基本意图，采用"兜圈子"的说话方式，从不相关的事物、道理谈起，却常能收到较理想的交际效果。

请看下面的几个例子：

例1：一位年轻媳妇，见小姑穿上件新的羊毛衫，猜想是婆婆买的，故意高声对小姑说："嗬，从哪里买来的羊毛衫，真漂亮！"婆婆在一旁答话："从对门商场买的，刚到的货。我先买一件，让你们穿上试试，要看中了，下午再买一件。你们俩一人一件。"

例2：一天，某青年教师早早回家做了一锅红枣饭。妻子下班回来，端起碗，高兴地问："这枣真甜啊，哪来的？"丈夫说乡下姨妈捎来的。妻子不无感慨地说："姨妈想得可真周到啊，年年捎枣来！"丈夫说："那还用说，我从小失去父母，就是姨妈把我抚养大的嘛！"妻子说："她老人家这一生也真够辛苦的。"稍停，丈夫忽然叹了口气，说："听捎枣的人说，姨妈的老胃病又犯了，我想……""那就接来呗，到医院好好治治。"不等丈夫把话说完，妻子说出了丈夫想说还未说出的话。

例3：晚饭后，几位青年人去拜访某教授。谈到夜深，教授接着青年人的话题说："你提的这个问题很值得研究，明天我去A城参加一个学术会，准备就这个问题找几位专家一块聊聊。"几位青年立刻起身告辞："很抱歉，不知道您明天还要出差，耽误您休息了。"

在第一个例子中，年轻的媳妇喜欢上了婆婆给小姑的新羊毛衫，想要却又不好意思直接开口，只好转向小姑夸奖新羊毛衫的漂亮，以顾左右而言他，达到目的。第二个例子中，青年教师想接姨妈来城里治病，担心直接说出来，媳妇不会同意，于是采用了"兜圈子"的说话技巧，通过吃枣饭、忆旧情，造成一种适宜的氛围，然后再说姨妈生病，而让妻子接过话题，说出接姨妈的话。这样言来语去，自然圆满，比直说高明多了。在第三个例子中，教授因为第二天要出差，想早点休息，但碍于情面，又不好直言辞客，而是巧妙地接过对方话题一兜，说出了第二天的安排，达到了辞客的目的，话语委婉得体而不失礼仪。由此看来，说话兜圈子，有时候确实是必不可少的，它能起到直言快语所不能起到的作用。

以上三个例子都不属于直言快语的说话方式，但说者礼貌，听者明白，也都达到了"直言快语"的效果。

著名语言学家王力先生也曾说过兜圈子是一种说话的艺术。但兜圈子的说话方式也不是随便哪种场合都能用的。要正确运用这种艺术，首先要善于分辨言语交际的具体情况，做到当兜则兜，不可兜还是直说为好。言语交际中兜圈子主要有如下几种情况：

1. 顾及情面，有些话不便直说，可以兜

比如婆媳之间、恋人之间、两亲家之间、朋友之间、客户之间等情感都是需要慢慢建立的，基础欠牢固，交往中双方都比较谨慎、敏感，言语中稍有差错，都会带来不快或产生误解、造成矛盾。像第一个例子中的那位年轻媳妇，如果是在娘家面对亲生母亲，大可不必兜圈子；但在婆家，面对婆婆，就不好直说要东西了。而她的兜圈子，既达到了要羊毛衫的目的，又不失情面。

2. 出于礼仪，有些话不便直说，可以兜

中国是一个历史悠久的文明古国，素称"礼仪之邦"，具有文明礼貌的社交风尚。人们在言语交际中，十分注意话语的适切、得体。私人场合、知己朋友，说话可以直来直去，即是说错了，也无伤大雅。在公共场合，对一般关系的人，特别是晚辈对长辈，下级对上级，对待外宾，说话就要特别讲究方式、分寸。为了不失礼仪，说话就常需兜圈子。比如第三个例子中那位教授的话，就与特定的交际场合、对象、自身的身份相称，实现了和谐的沟通。试想，如果直言相告明天出发去出差，改日再谈，虽可以达到辞客的目的，但会把对方置于较为尴尬的处境，这也有损教授慈祥和蔼的一面。

3.有所顾虑，有些话不便直说，可以兜

某种事情或某个意思，直接挑明，估计对方一时难以接受，一旦对方明确表示不同意，再要改变态度，就困难多了。在这种情况下，为了强调事理，征服对方，就可以把基本观点、结论性的话先藏在一边，而从有关的事物、道理、情感兜起。待到事理通畅、明白，再稍加点拨，自能化难为易，达到说服对方的目的。第二个例子当中那位教师就是针对这种情况而兜圈子的。如果他直言接姨妈来城里治病，妻子不一定同意。而通过吃枣饭、谈红枣、忆旧情，事理人情双关，形成了接姨妈的充分理由，水到渠成，所以不用自己讲，妻子就顺理成章地说出了他的心里话。

兜圈子在以上情况下是能产生一种含蓄委婉的语言表达效果，但含蓄委婉的话却并非全是兜圈子。兜圈子更不是猜谜语、说隐语，它是曲径通幽，最终要让对方理解自己的意思，如果兜来兜去，把对方引入迷魂阵，就不好了。再者，兜圈子这种说话艺术一定要慎用，当兜则兜，不然，兜之不当，会给人啰唆、虚伪之嫌，与交际目的相背。

抓住最初四分钟

在信纳德·佐宁博士的《交际》一书中说，陌生人之间接触的头四分钟是至关重要的。他在书中对建立新的友谊的朋友说："当你在社交场合中遇到陌生人，你应把注意力集中在他身上四分钟。很多人的生活将因些而改变。"

在生活中，大家可能都有过这样的经历：当一个人处在陌生的环境中，一般并不专心致志地注意自己刚认识的人，他不断地东张西望，似乎在寻找更加有趣的人。如果谁这样对待你，我相信你一定不会喜欢他。而当我们被介绍给新朋友时，信纳德·佐宁博士说，我们应当尽量显得友好和自信。因为"人们一般都会喜欢喜爱自己的人。"

另外，有些人胆子非常小，不敢主动向对方问好。其实，这并不是一件难事。只要抛弃自己胆怯的心理，大胆地跟他说："我一直想跟你说话，但是我很怕接近你。"此语虽然是单刀直入，但会令对方无法拒绝你。这不仅让你能开始下面的谈话，而且还是种最有效率的沟通方式，省了一堆繁文缛节。不管如何开始交流，我们都不能让别人认为我们很自负，对别人显示出兴趣或表示同情是很重要的。要知道别人也有自己的需要、恐惧和希望。

美国新泽西州州长威尔逊，刚当选后不久，有一次赴宴，主席介绍说他是"美国未来的大总统"，这本来是对他的一种恭维和颂扬。而威尔逊又是怎样拉近与旁人的距离的呢？首先威尔逊讲了几句开场白，之后接着说："我转述一则别人讲给我听的故事，我就像这故事中的人物。在加拿大有一群钓鱼的人，其中有位名叫约翰逊的人，他大胆地试饮某种烈酒，并且喝了很多。结果他们乘火车时，这位醉汉没乘往北的火车，而错搭往南的火车了。那群人发现后，急忙打电报给南开的列车长：'请把那叫作约翰逊的矮人送到往北开的火车上，他喝醉了。他既不知道自己的姓名也不知道目的地是哪儿。'我现在只确实知道自己的姓名，可是不能和你们的主席一样，确实知道自己的目的地是哪儿。"听众哈哈大笑。威尔逊接着又讲了一个滑稽的故事，使听众们心情非常愉快。从此，威尔逊的声名大振。

威尔逊利用绝妙的口才在几分钟的时间内就把一群陌生的人变成了自己的朋友。而你或许会说，你不是一个天性友好或自信的人，根本做不到威尔逊那么自信呀！

佐宁博士认为，只要实践几次，是完全可以改变自己的社交方式的。只要想改变自己的性格，我们终究会习惯的，这就像买了一台新电脑，起先你可能觉得不熟悉、用起来也很不顺手，但是它总比旧的好。

是否说，天性不善友好和矜持的人，表现出友好或自信是一种不诚实的行为呢？佐宁博士的观点是：或许吧，"完全的诚实"对于社交关系来说往往并不合适，特别是在相互接触的头几分钟，这时可能有各种各样的表现，但是适当的表演，在和陌生人的交际中是最好的一种方式。这时不是抱怨自己的健康问题或找别人的缺点的时候，这也不是彻底地把自己的观点和印象和盘托出的时候。佐宁博士建议说，这几分钟的相聚必须小心，一举手一投足，一言一行都会给别人留下深刻的印象，如果你讨论了令人不愉快的事情，以后你需要着手做很多事情都不见得能扭转在别人头脑中的印象。

让对方相见恨晚

有的人似乎生来就能和他人一见如故、相见恨晚。我们身边就经常会有这样的人，他总是和人笑着说话，在常人看来无甚必要的场合，他也笑口常开，而听他说话的那些人，即使是对他的话题再不感兴趣，似乎也不忍掉头走开。

任何人都不愿意自己给人留下难以交往的印象，就算是那些冷漠、寡情的人他们也在不断地寻求一种通道，达到与他人的交流和沟通的目的，更何况谁也不愿孤独地生活在世界上。人与人之间的联系越来越频繁，广交朋友，多交朋友似乎已成为一种社会的时尚。如果，在你与人相处之时，能保证对方心情愉快，没有丝毫的戒备、恐惧和不安，自由的空气和欢乐的气氛始终围绕着他，那么你就能让对方感到相见恨晚，成为让他终生难忘的人。

1. 说好第一句话，用你的语言表达出你的关心和爱心

世界上的爱是最有说服力的，温柔的爱、忍耐的爱、宽容的爱用在社交上，具有无坚不摧的能量，爱的情感始终活跃在人们的心头，任何人也都渴望被人关心、被人爱，但一般人对被关心、被爱似乎缺乏信心，所以你尽可以用你的语言去表达出你对他人的关心和爱心。

虽然万事开头难，但若你在交际场上与陌生人见面，第一句话就表示出了你的关心和家心，留给对方的第一印象肯定会是"一见倾心""相见恨晚"。

初次见面，同对方说："我看你好像面熟得很，跟我一个好同学特别像，她叫刘美玲，你呢？是她姐姐还是妹妹？""你坐，你坐吧，来大家挤一挤。我每天坐这班车，人总是很多的，而且越走人上得越多，你现在坐好，省得挤着你，我一会就下去。"

短短一句话，就缩短了与陌生人之间的距离。

赤壁之战中，鲁肃见诸葛亮的第一句话是："我，子瑜友也。"子瑜，就是诸葛亮的哥哥诸葛瑾，他是鲁肃的挚友，短短的一句话就定下了鲁肃与诸葛亮之间的交情。

其实，任何两个人，只要彼此留意，就不难发现双方有着这样或那样的"亲""友"关系。即使没有关系，也是可以创造条件拉近关系的，再及时地表现出你的关怀和爱心，很容易让他人接受你，愿意倾听你说话，即使是从你嘴里说出的指责人的话，由于充满了你的爱心和关心，他人也会对你好感倍增，对你就一见倾心、相见恨晚。

2. 寻找共同感兴趣的话题

有人说："交谈中要学会没话找话的本领。"所谓"找话"就是"找话题"。写文章，有了个好题目，往往会文思泉涌，一挥而就；交谈，有了个好话题，就能使谈话融洽自如。

与陌生人开口交谈关键是要找到共同点。你可以从一个人的服饰、举止、谈吐可以看出他的心情、精神状态和生活习惯。开始谈话前首先看对方与自己有何相同之处。例如，他和你一样都穿了一双耐克气垫运动鞋，你可以以耐克鞋为话题开始你们的谈话。与陌生人交谈，你最好寻找对方也熟悉的人和事，以此牵线搭桥，引出话题。尤其是双方都与之关系很深的人和事。当谈到此类话题时，你们之间的距离就会很快缩短。

一位小学教师和一名泥瓦匠，两者似乎没有相同之处。但是，如果这个泥瓦匠是一位小学生的家长，那么，两者可以就如何教育孩子各抒己见，交流看法；如果这个小学教师正要盖房或修房，那么，两者可以就如何购买建筑材料、选择修造方案沟通信息、切磋探讨。只要双方留意试探，就不难发现彼此有对某一问题的相同观点、某一方面共同的兴趣爱好、某一类大家共同关心的事情。一次刘小姐在拜访陌生人时，见其墙上挂有"制怒"二字，便知对方有克服易怒缺点的要求。便问道："您平时很爱发脾气吗？"对方答："我很容易冲动，但明知自己有这个毛病，却有时控制不了，为了提醒自己，就写下来挂到墙上，时刻告诫自己。"刘小姐由此话题谈开，先是表示非常理解，继而谈出自己的看法，对方也就同一问题谈出感想，两个人谈得非常投缘，这样就缩短了与陌生人的距离，两人颇有"相见恨晚"之感。有些人在初识者面前感到拘谨难堪，只是因为没有发掘共同感兴趣的话题而已。

有了好的开端，找到了共同的话题，再加上你的热情大方，妙语连珠，幽默自然，纵使萍水相逢，也会一见如故。

自信的言谈

言谈举止是一个人精神面貌的外在体现，要开朗、热情，让人感觉随和亲切、平易近人，容易接触；而自信的言谈举止则可以在交际中"放大"你的形象，因为自信的目光是自豪的，自信的微笑是成熟的，自信的力量是巨大的，自信的言谈举止是从容的。

很多人在社交中总担心没有出众的言谈来打动大家、吸引别人的注意，以至于造成精神上的紧张，使表情、动作都变得十分僵硬，这都是自尊心太强造成的。因此，应放松心情，保持自己的既有特点，而不要故意矫揉造作。

有的人在"亮相"时昂首阔步，气势逼人，在跟别人握手时要像钳子般有力，跟人谈话时死死盯住对方……这样故作姿态，不仅会令别人感觉难受，连你自己也觉得别扭。其实最好的办法是保持你原有的个性和特质，再加上大方的言谈举止与自信的神态，足以让你成功地展示出一个优秀的交际形象。

那么一个自信的人应该是什么样的呢？首先自信的人比那些没把握或企图有所掩饰的人，能正常正视别人的眼睛，而且凝视的时间也较长；一个自信的人，谈话时可能没有掩口、摸鼻和抓头等动作。

杨澜是传媒中优秀的主持人，凭着开朗的性格，敏锐、智慧而自信的言谈举止征服了亿万观众。

有一次观众问她："如果没进《正大综艺》，你将选择怎样的生活道路？"她一笑之间便举出一个例子来："我相信，如果我是一个饭店销售部人员的话，也不会做得很差的。假如今天主持人代表剧组来找到我说：'杨澜小姐，我们剧组想在你这儿包几间客房，能不能给点儿优惠呀？'我肯定会说：'可以，可你必须把我们饭店的名字打在后面的鸣谢字幕中，还必须停留多少秒！'"瞧，如此自信、精明、善于盘算的劲头，不是有股子令人不敢小觑的意味在其中吗？她的一番话不也是在无形中放大了形象吗？

再就是谈到网络的时候，杨澜同样显示出一种万物皆备于我的自信和睿智来，说："我做网，不是为了做网而做网，而是为我的内容找到一个新媒体的出口而已。"如此实际，真乃商人的精明了！于是有人诘难："那么，网络就只是一个新鲜的工具？"她回答道："我觉得它只是我的一个水管，我还有其他的水管，还照样可以疏通的。"这个以水管来比喻网络的说法，可谓聪敏过人，那种出人意料的语言中，既无咄咄逼人的傲气，却又不乏某种藐视一切困难的味道。

杨澜面对刁钻难题时自信的形象、睿智的言谈，以及那种天马行空般的自由自在意蕴，更容易在五花八门的问题中，闪现出自身那五光十色的色彩来。

一个有相当成就且知道自己目标的人，在他身上常可感觉到自豪、朝气蓬勃的生活态度。这种人往往身板挺得很直，表明其自信心很强。正如上文中的杨澜那样，无论身处何种场合，面对何种刁钻难题，都会用充满自信的姿态去面对，让人不敢有任何小觑的念头闪现。或许这就是我们常劝年轻人要站直的理由。许多人对此深有体会：只要挺胸站直，就可以把一个人的感觉从沮丧变为坚定。

聆听别人的说话

古希腊有一句民谚说："聪明的人，借助经验说话；而更聪明的人，根据经验不说话。"中国人则流传着"言多必失"和"讷于言而敏于行"这样的济世名言。

这些都给了我们这样的建议：在个别交往中，尽可能少说而多听。在我们身边，经常会有这样的人，他们喜欢多说话，总是喜欢显示自己怎么样怎么样，好像他博古通今似的。这样的人，以为别人会很服他们，其实，只要有点社会阅历的人，都会不以为然。更聪明的人，或者说智慧的人，往往会根据自己的经验，知道自己要是多说，必然会说得多错得也多，所以不到必要时，总是少说或者不说。当然，到了说比不说更有效时，我们一定要说。

经朋友介绍，重型汽车推销员乔治去拜访一位曾经买过他们公司汽车的商人。见面时，乔治照例先递上自己的名片："您好，我是重型汽车公司的推销员，我叫……"

才说了不到几个字，该顾客就以十分严厉的语气打断了乔治的话，并开始抱怨当初买车时的种种不快，什么服务态度不好、报价不实、内装及配备不对、交接车的时间等待过久……

顾客在喋喋不休地数落着乔治的公司及当初提供汽车的推销员，乔治只好静静地站在一旁，认真地听着，一句话也敢说。

终于，那位顾客把以前所有的怨气都一股脑地吐光了。当他稍微喘息了一下时，才发现，眼前的这个推销员好像很陌生。于是，他便有点不好意思地对乔治说："小伙子，你贵姓呀，现在有没有一些好一点的车种，拿一份目录来给我看看，给我介绍介绍吧。"

当乔治离开时，兴奋得几乎想跳起来了，因为他的手上拿着两台重型汽车的订单。

从乔治拿出产品目录到那位顾客决定购买，整个过程中，乔治说的话加起来不超过十句。重型汽车交易拍板的关键，由那位顾客道出来了，他说："我是看到你非常实在、有诚意又很尊重我，所以我才向你买车的。"

因此，在适当的时候，让我们的嘴巴休息一下吧，多听听顾客的话。当我们满足了对方被尊重的感觉时，我们会因此而获益的。

著名的心理学家卡尔·罗杰斯说，有时他的病人不断地倾吐内心深处的感觉时，他会突然发现病人的眼中充满泪水，好像在说："感谢上苍，终于有人愿意听我说了。"

不同的场合，不同的对象，只要人与人交往就要说话。话有真话、假话、好话、坏话、空话、官场话、客气话、应酬话、口头话……立足社会，为人处世就要善于聆听与分析各种话，并区别对待。身为领导更应注意倾听。对真话、好话要认真听，就是出于爱护你的批评话，也要虚心听取，便于取长补短。有道是"兼听则明，偏听则暗"。听取多方面的意见，便于集思广益，做出正确的决策，改进工作。

善于听话，可以及时发现他人的长处，调动人的积极性，使其充分发挥对工作的认真负责精神。有时善听者要比善说者受人欢迎。当今是信息时代，科学技术在飞速发展，社会化生产的整体性、复杂性、竞争性、多变性，决定了信息的重要。不论你是领导者、行业经营的管理者，还是一般工作人员，都需要交流。因此，只有善于倾听、汇聚和分析各方面的信息，才能更好地服务于工作和生产，促进事业的发展，做到与时俱进。

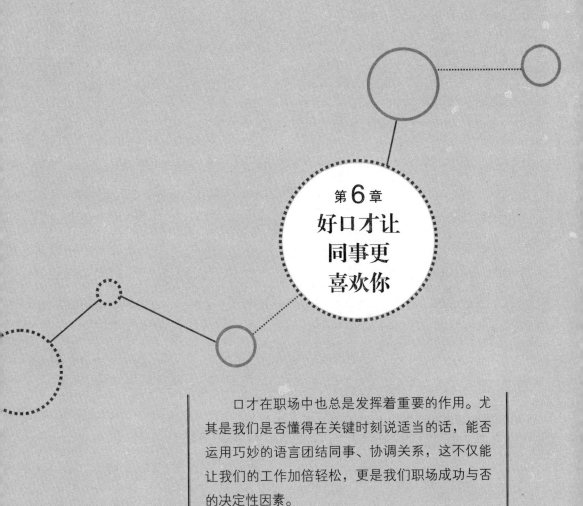

第6章
好口才让同事更喜欢你

口才在职场中也总是发挥着重要的作用。尤其是我们是否懂得在关键时刻说适当的话，能否运用巧妙的语言团结同事、协调关系，这不仅能让我们的工作加倍轻松，更是我们职场成功与否的决定性因素。

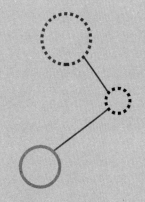

暖言暖语暖人心

参加工作后，大部时间被工作占用。与同事相处的时间甚至超过了家人的时间，更谈不上抽太多的时间去会友和交友了。因此，与你同在一个单位，或者同一个办公室的同事，其实就成了你最好的朋友，你完全应该用心投入把与同事间的关系搞好，争取让同事都成为自己的知心朋友。即使工作中与同事产生了一些分歧，也不能否认自己与同事之间的密切关系。在同事遇到困难时、情绪低落时，你是否会像安慰亲人般及时地送上一些温暖人心的话呢？

当同事自己或者家中遇到困难或不幸，工作情绪非常低落时，往往最需要别人的安慰和鼓励，也只有在此时同事才会对给他以安慰、鼓励和帮助的人感激不尽。这时，你不要不管不问，更无须手足无措，而是应该学会安慰和鼓励同事，表示出你的关切及协助的意愿，但也不要急于阻止他哭泣，给他一些时间来恢复平静。坐在他身边，拍拍肩膀、握握手都不失为一个好的方法。让同事把心中的烦恼和痛苦诉说出来，帮助同事解决困难，分减痛苦。如果他拒绝说出原因，也不必强求；同事一旦把心中不顺心的事情说出来后，痛苦郁闷的感觉就会逐渐消失，而你此时每一句话语对同事来说都是一种安抚剂。但千万不要贸然下断语或凭自己喜恶提供解决的方法。

当遇到愤怒的同事，要冷静处之

如果同事在生你的气，其中必然有原因存在。姑且不论是否是你的错，千万不能以同样的情绪对待，那会使他的情绪进一步激化，进而更加地愤怒。

不论生气的原因为何，既然对方已对你表示生气，你就绝对不宜置之不理或展开正面冲突。倘若事后对方恍然大悟，发觉你是无辜的，那么对于你的宽容和气度，必然会心悦诚服。

相反的，倘若你采取一味辩白的态度，便无异于火上浇油，很可能导致更难解决的地步。

若造成对方生气的原因，真是由于自己的错误，当然"解铃还须系铃人"，亲自谢罪是理所当然的。不过，在表示歉意时，要注意态度是否诚恳、事后补偿的处理是否妥善。你暖言暖语的歉意能让对方觉得满意，对方仍会对你的诚意与努力表示好感。

麦金利在就任美国总统时，他派某人担任税务官，但遭到了许多政客的反对。他们派出一些代表前往谒见总统，其中为首的是一位国会议员，他脾气暴躁，说起话来粗声粗气，一开口就给总统一顿难堪的讥骂。如果换了别人，也许早就暴跳如雷了，但麦金利极力克制自己，听如不闻，一言不发，任他骂得声嘶力竭，然后才用极温和的口气说："我想你现在的心情可以平和些了吧？照理，你是没有权力这样责问我为什么这么指派的。但是，现在我仍愿详细解释给你听……"这几句话把那位议员说得羞愧万分，但总统不等他道歉，便和颜悦色地把理由讲清楚了。其实不等总统解释，那位议员已经折服了，他私下悔恨自己不该用这样的态度对待总统。因此，当他回去报告结果时，他只摇摇头说："我记不清总统的全盘解释了，但有一点是可以负责报告的，那就是——总统没有错。"

事实上，"人非圣贤，孰能无过？"但是倘若能将过错良好地善后处理，还是能够化险为夷、转祸为福的。

在犯错时会遭受同事的指责或怒骂，心里确定是不好受的。但是，不妨反过来想：要是无人说你，岂不也表示无人关心你了吗？这样一来，反倒能够心平气和地接受指责，而不要不耐烦，无形中，事情便解决了。

遇到不合作的同事，要宽容待之

工作中同事之间有了不同意见，应以商量的口气婉转地提出自己的看法，尽量避免伤害他人自尊心的生硬的言辞。如果遇到不合作的同事，则要表现出你的宽容和修养。学会耐心倾听对方的意见，并对其合理成分表示赞同，这样不仅能使不合作者放弃对抗，也会开拓自己的思路。一位哲人说："人能成全他人，也能毁弃他人；互相帮助能使人奋发向上，互相抱怨会使人退步不前。"

有一次，美国前总统门罗在白宫举行宴会，招待外国使节。时任法国外长德·寒胡赫尔伯爵坐在时任英国外交大臣查尔斯·沃恩爵士的对面。查尔斯·沃恩发现，自己每讲一句话，法国外长总要咬一下大拇指。沃恩越来越感到气愤。后来，他实在忍无可忍，便问德·寒胡赫尔：

"你是对我咬指头吗？先生？"

"是的。"伯爵傲气十足地回答。

说时迟那时快，两人拔剑各自冲向对方。

就在两位外长快要交手之际，门罗总统的剑已架在中间。其动作之快，使满座皆惊。一场恶斗就这样被制止了。

"门罗之剑"毕竟是有限的，同事之间最好要有自己的心灵之盾牌，那就是宽容铸就的尊重与理解。

无谓的争论除了会破坏同事之间的友谊外，毫无意义。这样偏执的、带有明显进攻性的争吵，就像毒气一样，吞噬着同事之间的友情。辩论双方因固执地坚持自己的观点而面红耳赤、难分胜负，往往为芝麻大的事钻牛角尖，结果两败俱伤。

现在的社会中，几乎每一位办公室人士都有机会与不好应付的同事打交道。绝大多数人与这种类型的同事往来时，心情都相当不轻松。如果可能的话，大家都想对他避而远之。但是，既然无可避免，最好的方法就是正视并面对这件事，并设法寻求解决之道。

若你正好与不好应付的同事碰面，保持一种君子之交的态度即可。当有意见不合时，切不可一味地指责对方或者表示不满。若对方事务繁多、无法配合，也要再安排时间或找他人帮忙；但若是纯粹不合作，则更需要多花时间沟通，寻求问题的症结及解决办法。但要时刻提醒自己退一步海阔天空，争取用充分的沟通来化敌为友。

心理学家说，人都是很自我的，比较关注自己的情绪，如果你对他的情绪波动表示关注，他会以最大的热情感激你的关注。所以，办公室里，不要对同事的情绪波动无动于衷，适当的时候适当的地点送上你的暖言暖语，必定可温暖他人的心。

漂亮话助你行事通畅

现代社会已经无法单凭熟练的技能和辛勤的工作就能出人头地了，每个人都意识到了人际关系在职场中的重要性。虽然说才干加上超时加班也很重要，但懂得在关键时刻说适当的话，那也是成功与否的决定性因素。能运用巧妙的语言讨好重要人物、避免麻烦，不仅能让你的工作加倍轻松，更能让你名利双收。

卢梭曾说过这样一句话："天底下只有一个办法可以影响别人，就是想到别人的需要，然后热情地帮助别人，满足他们的需要。"这句话用在职场当中也再合适不过了。

1. 学会成人之美

与同事的朝夕相处，也注定了我们有很多事都需要沟通与合作。要真心对待同事也体现在褒和贬上。例如在单位举行的总结会上，当着领导和所有同事的面，你应该学会巧妙地利用发言的机会恰如其分地夸奖同事的特长和优点，帮他在群众中树立他的威信；再如，当同事想出了绝妙好计时，你也恨不能自己的脑筋动得比人家快，但你应该压制你的嫉妒，与其拉长脸孔，暗自不爽，不如偷沾点光，趁着上司听得到的时刻说出你认同与赞美的话。那么在这个人人都想争着出头的社会里，一个不妒忌同事的部属，会让上司对你另眼相看。如果发现同事的缺点或者有什么不对的地方，应该在与他单独相处时，实事求是地指出他存在的不足和缺点，并帮助他一起来完善自己。因为你给他了足够的面子，在以后的工作中，他也一定会时刻记得你的好，尽他最大所能帮助你、推荐你、重用你。

2. 用漂亮话避开你不知道的事

有位编辑曾分享过他的一次经历。

一天早上公司的会计突然问了我一个问题，她说她想知道书号中的各部分代表什么意思。

说实话，虽然从事图书行业有一年了，经我手出版的图书数量也不算太少，深知书号对图书的重要性，但我还真是没有考虑过她问的这个问题，一下就让她把我问住了。但转念一想，我怎么能不知道这个问题呢，于是回复她："你稍等，我过会给你答复。"

自己毕竟是负责编辑了这么多的图书，想弄清楚这个问题并不是很难，灵机一动，马上我就想到了书号各部分所代表的内容。ISBN 当然是国际图书统一标记，第一个数字代表语言区分类，比如是中文或英文书籍类等，第二组数字代表的是出版社，第三组数字代表的是序列号，最后一个数字则是代表检核号码。若想知道更具体的分类，可以参看版权页上 CIP 中会有显示。

为了验证自己的判断，到网上搜索一下，"噢，YES！"没错，我是正确的。然后赶忙把会计叫过来，详细地给她讲解了书号中各部分都代表了什么，是如何得来的，给了她一个满意的答复。

领导或同事关心的问题，总有你没有涉及到的领域，而当领导或同事刚好问到了你的盲区，你一时不知道该如何回答时，不能很草率地说"不知道"。而应该说："让我再认真地想一想，过会再答复你好吗？"这样的回答不仅暂时为你解了围，同时给领导或同事的感觉也是你在这件事上起码态度很认真，只是一时不知道该如何回答他而已。不过，事后你得补足功课，请求外援也好，请求别的同事也好，一定要设法弄懂弄清楚，给他们一个满意的答案，以防他们再问时依然一无所知。

3. 用漂亮话请求同事帮忙

在办公室里，每个人都有每个人的工作，有合作，但也有分工。合作的工作需要同事配合完成，这自不必说。但分工的事，也不见得自己就能完成，若自己碰到了困难，或者有个急事的，难免会请求同事帮个忙。这时就需要动一下脑筋，用漂亮的请求来获得同事的帮助。

小李接手了一件很棘手的工作，以他一人的力量根本无法独立完成，必须得找同事帮忙。他想找小陈帮助，因为小陈是这方面的高手，可是却不知道该如何开口。但仔细想想，只要用诚恳的心说出谦逊的话，同事也能理解，是不会拒绝的。

于是小李找到小陈说："小陈，我这儿有个计划，自己实在搞不定了，帮个忙吧！"小陈面露难色，"我这段时间也挺忙，你还是看看别人有空没有，比如，老赵！"小李说："小陈，这个计划没有你帮助，确实是不行啊！"小陈见小李态度诚恳、谦逊有礼，为了不负自己的好名声，就答应了小李的请求，帮他完成了工作计划。

求人办事之后，千万不要忘记答谢，否则以后就不会再有人愿意帮你的忙了。

得饶人处且饶人

有些人喜欢拿别人开玩笑，占人家的便宜，虽是玩笑，也绝不肯让自己吃亏；有些人喜欢争辩，有理争，没理也要争；有些人不论国家大事，还是日常生活的小事，一见对方有破绽，就死死抓住不放，非要让对方败下阵来不可；有些人对本来就争不清的问题，也想要争个水落石出，比如先有鸡还是先有蛋……

如果你是一位嘴巴不饶人的人，那么你在与同事交谈时，一定要学会克制自己，不能总想在嘴巴上占尽同事的便宜，否则时间长了，同事就会逐渐疏远您的，甚至还会拿事说事。那样就悔之晚矣。

第二次世界大战后，日本几乎是一片废墟，此时，吉田茂走马上任，在他7年的任期之内，为日本的战后建设立下汗马功劳。吉田茂最具特色的风格，是他浓厚兴趣的贵族意识，面临大事常常激发出一股"舍我其谁"的气魄，所以过分自负。1958年2月，日本国会进行当年度预算审议时，一位右派民社党议员西村荣一质询时首先发难："首相施政演说中对国际形势如此乐观，根据何在？"吉田答道："目前战争危机已远去，英国的丘吉尔首相，美国的艾森豪威尔总统也这样说过，我也这样认为。"西村荣一又咄咄逼人地说："我不要听英国首相或美国总统的意见。"吉田傲然回答："我是以日本总理大臣的身份答询的。"这时他已经有些烦躁了，西村荣一却是寸步不让，再以言辞激怒对方："你不要得意忘形！"吉田也回敬说："你不要口出狂言！"西村问："什么是狂言？"如此针锋相对，一来一往，吉田在情急之下，冒出一句"无礼者，马鹿野郎（混蛋）"的骂人话，怒气冲冲。西村当然受不了，要求吉田茂收回刚才的怒骂，一时，会场的气氛异常紧张。吉田茂总算识大体，强压住怒气，当场表示言语不妥当。

但西村荣一并不就此罢休，他抓住吉田茂的失误，乘胜追击，发动了"吉田首相惩罚动议"，随后在众议院竟然获得通过，这是日本政治史上第一次出现"惩罚"首相的临时动议，对吉田茂威信的打击之大，可想而知。12天之后，大野党乘机提出"内阁不信任案"，也获众议院通过。吉田茂只好随即解散了众议院，不久他就下台了。这就是有名的"马鹿野郎解散"事件，成为吉田茂政治生涯中的一大憾事。

从以上情形来看，吉田茂一时发怒而骂人实属失策。西村荣一别有用心，咄咄逼人，故意诱发对方发怒而失态。而吉田茂一时失控说出了骂人的话，正中了对方的圈套。但从心理上说吉田茂是想遏阻对方的攻势，捍卫自己的尊严，但用发怒骂人的方式却正是南辕北辙，适得其反，授敌以把柄，使自己处于被动的位置。因为失去理智性克制力的自尊，已不再具有它本身的庄严色彩了，却转化为可悲的虚荣。

生活当中，遭到别人有意或无意的人身攻击时，人们会首先从良知上谴责那些很不光彩的攻击者。然后，当被攻击者大动肝火，采取报复行动，往往是以一种超过对方强度的粗暴方式来反击时，却常常成为众矢之的，也使自己在人们心目中的形象严重受损。吉田茂一系列噩运的来临，正是他控制不住自己、怒而发骂带来的恶果。

在职场中，对方在大庭广众之下，说些侮辱你人格或于你极为不利的话，最好的应对办法是理智地克制自己，不能以怒制怒，那样真是有失身份。"人有多大心胸，能做多大事"，这话是有道理的。虽然不提倡以德报怨，但那些成功的人士的说话技巧很值得学习和研究，为人做事过程中应该学他们所长，能够高屋建瓴地看待问题，培养自己良好的职业情商。切不可一遭到伤害，就心生怨恨甚至伺机报复，无论对企业还是对同事，都应该大度些，豁达些，不可斤斤计较，更不能得理不饶人。即使你容易生气、眼睛里揉不得半点沙子，那也不能沾火不着也冒烟，应该学会克制自己的情绪，避免失控，同时建立起自身对同事、企业的感情，努力培养对周围环境的好感。珍惜眼前的机遇，建立与企业共发展的思路，学会欣赏企业同事与领导的精华及优秀的地方，这样在同事眼里，你是平和近人的好同事，在领导眼里，你会是个优秀、忠诚、可靠的好员工，未来你一定会大有可为。

用幽默与同事分享快乐

在工作的间隙，聊天就成为办公室的人打发时间的主要形式，聊天的范围虽然不受限制，但要注意说话的方式和话题的选择。比如幽默的语言不但可以使同事之间感到轻松快乐，而且在无形中创造了活泼的工作气氛，消除了因工作带来的紧张和疲劳，提高了工作效率，同时幽默也表现出了说话者的风度和素养。毛泽东、周恩来等人无论是国事活动中，还是在日常生活中，无论是在学者面前，还是在农民之中，论理道事总能寓庄于谐，风趣幽默，从而赢得听众的广泛敬重。

恩格斯曾经说过："幽默是具有智慧、教养和道德的优越感的表现。"幽默能表事理于机智，寓深刻于轻松，给周围的人以欢笑和愉快。幽默运用得当时，能为谈话锦上添花，叫人轻松之余又深觉难忘。

其实，我们每个人都可以通过幽默、调侃来更轻松、更坦诚地与人相处。下面是一些常用的幽默招数可以助你与同事相处更快乐：

1. 巧作类比

有些问题，正面的回答极易落入俗套，难以满足提问者的口味，聪明的回答者会漫不经心地似答非答，引对方入圈套，接着使出巧作类比的招数，占据主动，最后让对方折服，并轻松活跃周围的气氛。

一次，作家刘绍棠在某大学演讲时，对于学生提出的各种问题，他都作了坦率的解答。这时，一女学生递上一张纸条，上面写道："既然文学要真实地反映社会生活，那你为什么总唱赞歌，不唱悲歌呢？难道社会没有阴暗面吗？"读完这一尖锐的问题，刘绍棠想了一下，便问那位女生："你喜欢照相吗？"见女生直点头，刘绍棠反问道："你脸上有光滑漂亮的时候，也有长疮疤的时候，那你为什么不在脸上生疮疤的时候去照相呢？"这一问，引得周围的人都情不自禁地笑了。

2. 装傻充愣

装傻充愣是答非所问的一种，即回答别人问题时，利用语言的歧义和模糊性，故意错解对方的说话，问东答西。这种说话方式在回答问题时，往往会出奇制胜，产生特别的幽默感。尤其是在办公室这种公共场所，遇到不想回答却不能沉默的问题时，装傻充愣可以轻松自己，快乐他人。

某人拿了一份文稿到报社要求发表，编辑看后说："这篇文章是你写的吗？"那人大言不惭地说："是的，每一句都是我写的。"编辑装作很认真地说："鲁迅先生，看到您我真高兴，还以为您已经死了很多年啦。"

面对抄袭鲁迅文章的厚颜无耻之徒，若编辑直接指出："你这篇文章是抄鲁迅先生的，我们不能发表。"那就会显得很平淡。这位编辑对抄袭者所言看似疯话，实则幽默之致，对抄袭者从精神与人格上都进行了辛辣的挖苦，还体现了编辑个人极深的文化涵养。

3. 声东击西

在办公室里与同事相处，什么样的话题都有可能出现。在某些特定话题里，利用"声东击西"的技巧，把相同意思的话用不同的语言来表达，效果迥异。有时言在此而意在彼，确实令人回味无穷。

有一对夫妻，妻子非常喜欢唱歌，可是唱得特别难听。有时候搞得丈夫休息不好，丈夫多次劝说也无济于事。有一次已经到了深夜，妻子还在自得其乐地唱着难听的歌，丈夫只好急急忙忙地跑到大门口站着。妻子见此，不解地问道："我每次唱歌时，你干吗总是要跑出去站在门口呢？"丈夫把每个字都吐得非常清楚地说："我这样做是为了让邻居知道，我并没有打你。"

丈夫的回答，表面上看是答非所问，实际上是采用了一种声东击西的说话技巧，实为幽默之致。

在说话艺术中，幽默是运用意味深长的语言再现现实生活中喜剧性的特征和现象来传递某种特殊信息的一种表达技巧。生活中懂得风趣幽默的人，往往三言两语，就妙趣横生，不仅使人忍俊不禁，而且能使人领悟到其中蕴涵的智慧和哲理。如果你需要在办公室里用幽默的口才来改善同事们的工作态度和工作气氛，你也可以类似的妙语来表明自己的观点。

不能信口开河

办公室里，同事之间天天相处，闲聊是在所难免的，但也正是这看似无关紧要的闲聊，使得很多职场的人放松了自己，难免会信口开河，也正是这些原因，使得职场中的是是非非每天都发生着。所以若你很有正义感，忍不住要挺身而出"匡扶正义"时；若你是个外向型的人，眼里看不惯嘴里要说出来；若你是个"事不关己，高高挂起"、闲事少管的人，你都应该仔细考虑，认真思考，不能由着自己信口开河，惹事上身。

因为不管你是个什么样的人，你都得要和同事们日复一日年复一年地相处下去。这需要你掌握一些与同事说话的艺术，在同事之间塑造一种受欢迎和受欣赏的说话形象和风格，以免身边的同事小看你或者抓住你的某个话柄找你的麻烦。

1. 公私分明

自古就有公私分明之说，这是有一定道理的。不管你与同事的私人关系如何，如果涉及到公事，你千万不可把你们的私交和公事混为一谈，否则你会把自己置于一种十分尴尬的境地。

李丽与公司另一部门的主管王静关系十分要好。有一天，王静突然过来找李丽。

李丽很奇怪，问："你来找我干什么，这可是工作时间。"

王静说道："李丽，我们部门现在有个计划，希望与某公司合作。但我在这个公司没有熟人，所以想请您帮忙啊？"

李丽一愣，王静继续说："我知道，你和某公司的公关经理很熟悉，你就做个中间人吧！帮我说几句话，事成之后，我不会亏待你的。"

李丽一听，感到很为难，想直接回绝，又怕王静不高兴。答应吧，但还不想把公事和私交混在一起。

于是，她对王静说："我是认识该公司的公关经理，不过，她这段时间在休假。我怕等她回来，你们的计划就给耽误了。"

王静一听就明白了。

其实，李丽的朋友并没有去休假，她只是不想把自己搅进去。自己与王静不是一个部门的，插手其他部门的事，怕自己的上司不高兴。再说，如果办不成的话，反倒影响了自己和王静的友谊。

如果你也遇到同事要求你伸出援助之手，你可以打趣地说："其实这件事很简单，你一定可以应对自如的，被我的意见左右，可能不妙。"这番话是间接在提醒他：一个成功人必须独立、自信，而且这样也不会损及大家的情谊。

2. 工作第一，友情第二

虽有人说"好朋友最好不要在工作上合作"，但缘份与机遇的事说不清，能碰巧在同一个单位里工作绝不稀奇。

如果一天，公司来了一位新同事，他不是别人，正是你的好友，而且他将会成为你的搭档。上司把他交给你，你首先要做的是向他介绍公司的架构、分工和其他制度。这时候，不宜跟他拍肩膀，以免惹来闲言闲语。

与好朋友搭档工作应该是一件好事。但在工作中，你们的友谊往往会面临各种各样的挑战。你与搭档的职级相同，但工作量却大大不同。人家可以"煲电话粥"，你却整天忙得不可开交。虽然你心情不佳，但切勿向搭档发脾气，因为你们日后并肩作战的机会还有很多，许多事还得唇齿相关的。

表面上，你的主要任务是做好分内的工作，对这位搭档要保持一贯的友善作风。最重要的策略是向上司表态。上司不一定是偏心，有可能是对各项工作所需要时间不大了解而已，所以你有必要找他商谈，让他知道，每件工作所花的时间为多少，在一个工作日里可以做些什么，你的任务又是如何。只要讲你的困难，不要埋怨搭档相对地闲着，对事不对人，才能让事情圆满解决。

3. 永远不说同事的坏话

与同事相处，要讲究分寸。话太少不行，人家会认为你不合群、孤僻、不善于交往；话多了也不行，容易让别人反感，而且也容易让别人误解，认定你是个乌鸦嘴。所以，说话一定要讲分寸，该说的，一定要说，说得到位；不该说的，一定不说，要恰到好处，适时打住。

还有就是，不管同事怎么样冒犯你，或者你们之间产生什么矛盾，总之"得饶人处且饶人"，多一句，不如少一句，凡事能够让一点，日后你有什么不恰当的地方，同事也不会做得太过分，推你走向绝境。

"谁背后无人说，谁人背后不说人。"这话虽然说得有些绝对，却也说明了一个道理，那就是，大多数人都多多少少地在背后说过别人，只是所说的是好话还是坏话无从考证了。不过有一点，经常在背后说别人坏话的人，肯定不会是受欢迎的人。因为凡是有点头脑的人，都会自然而然地这么想：这次你在我面前说别人的坏话，下次你就有可能在别人面前说我的坏话。这样一来，你在别人的印象中就不可能好到哪里去。

与同事的心灵产生共鸣

与同事之间的交流和沟通，说它难，就难在话说出去却不知道对方能否理解和接受，而说它容易也不假，只要你细心把握说话的套路和方法，架起通往他人心灵的桥，并引发感情的共鸣，许多问题都会迎刃而解。

在你尝试说服他人、对同事有所求的时候，这样的论点也同样适用。最好先避开对方的忌讳，从对方感兴趣的话题谈起，不要太早暴露自己的意图，让对方一步步地赞同你的想法，当对方跟着你走完一段路程时，便会不自觉地认同你的观点。

伽利略年轻时立下雄心壮志，要在科学研究方面有所成就，他希望得到父亲的支持和帮助。

一天，他对父亲说："父亲，我想问您一件事，是什么促成您同母亲的婚事的？"

"我看上她了。"

伽利略又问："那您有没有娶过别的女人？"

"没有，孩子。家里的人要我娶一位富有的女士，可我只钟情你的母亲，她从前可是一位风姿绰约的姑娘。"

伽利略说："您说得一点也没错，她现在依然风韵犹存，您不曾娶过别的女人，因为您爱的是她。您知道，我现在也面临着同样的处境。除了科学以外，我不可能选择别的职业，因为我喜爱的正是科学。别的对我而言毫无用途，也毫无吸引力！难道要我去追求财富、追求荣誉？科学是我唯一的需要，我对它的爱犹如对一位美貌女子的倾慕。"

父亲说："像倾慕女子那样？你怎么会这样说呢？"

伽利略说："一点也没错，亲爱的父亲，我已经十八岁了。别的学生，哪怕是最穷的学生，都已经想到自己的婚事，可是我从没想过那方面的事。我不曾与人相爱，我想今后也不会。别的人都想寻求一位标致的姑娘作为终身伴侣，而我只愿与科学为伴。"

父亲始终没有说话，仔细地听着。

伽利略继续说："亲爱的父亲，您有才干，但没有力量，而我却能兼而有之。为什么您不能帮助我实现自己的愿望呢？我一定会成为一位杰出的学者，获得教授身份。我能够以此为生，而且比别人生活得更好。"

父亲为难地说："可我没有钱供你上学。"

"父亲，您听我说，很多穷学生都可以领取奖学金，这钱是公爵给的。我为什么不能领一份奖学金呢？您在佛罗伦萨有那么多朋友，您和他们的交情都不错，他们一定会尽力帮助您的。也许您能到宫廷去把事办妥，他们只须去问一问公爵的老师奥斯蒂罗·利希就行了，他了解我，知道我的能力……"

父亲被说动了："嘿，你说得有理，这是个好主意。"

伽利略抓住父亲的手，激动地说："我求求您，父亲，求您想个法子，尽力而为。我向您表示感激之情唯一的方式，就是……就是保证成为一个伟大的科学家……"

伽利略最终说动了父亲，他实现了自己的理想，成为了一位闻名遐迩的科学家。

这里，伽利略采用的是"心理共鸣"的沟通方法。这种说法一般可以分为以下四个阶段：

（1）导入阶段：先顾左右而言他，引起对方的共鸣或兴趣。伽利略先请父亲回忆和母亲恋爱时的情况，引起了父亲的兴趣。

（2）嫁接阶段：逐渐转移话题，引入正题。伽利略巧妙地通过这句话把话题转移到自己身上："我现在也面临着同样的处境……"

（3）正题阶段：提出自己的建议和想法。伽利略提出："我只愿与科学为伴"，这正是他要说服父亲的主题。

（4）结束阶段：明确提出对对方的要求，达到预定的目的。为了使对方容易接受，还可以指出对方这样做的好处。伽利略正是这样做的。他说："……为什么您不能帮助我实现自己的愿望呢？我一定会成为一位杰出的学者，获得教授身份。我能够以此为生，而且比别人生活得更好。"

就这样，伽利略终于达到了自己的目的，为最终实现自己的理想奠定了基础。

注意闲谈的分寸

与同事在工作间隙闲谈，本来就是可有可无的，话题对、时间对，闲谈可以活跃工作气氛，减轻工作压力。但如果闲谈过度则会误事，而且会给同事留下你无所事事的印象，特别是领导更看不得自己的员工闲谈。再者同事之间的闲聊话题也是有度的，对方的个人爱好可以聊，对方的健康可以聊，新闻趣事可以聊，公司所取得的成就也可以聊，但敏感的问题就不能谈。而对于时间和时机也应该有更好的把握。那么，如果想避免同事中无意义的闲聊该怎么做呢？

1. 避免在繁忙中闲聊

你在繁忙工作或进行精心的设计制作，这时就不需要他人打扰，尤其是过来闲聊，如电视电影，精彩的小说或衣服穿着，饮食等，都是可以引出无穷的话题。如果同事主动与你谈论什么，你最好能简明扼要地回答，不能寒暄，尽快结束这种又臭又长的谈话。

2. 礼貌第一

当你正忙碌的时候，有同事来找你，你要尽快地站起来和他打招呼，一则表现尊重别人，二则因为你保持站立姿势，或者手中拿着工作用品，等于告诉别人："我正忙着呢"，懂事的人能领会你的意思，谈完即走。如果对方仍意识不到这一点，你就不妨直接相告："嗯，我想，我们下次再专门抽时间聊吧。"这样做，仍然不失礼貌。即使关系再好的同事，也要礼貌第一。

3. 不要作引人注目的动作

不要盯着窗外思考问题，这样容易使人误以为你在走神，思想不集中，正好招惹人闲聊。不要用手指敲打桌面或者哼着什么小调，这样也可能激发别人对你的注意。明知有人想与你闲扯，当有人向你走近时，不可以抬头，只管做你原先在做的事，表示你正忙得很，同时也不引人注目。

职场中，要避免和摆脱同事之间的闲聊乃至干扰，可以充分运用一切可行的办法，但要时刻注意两点：一是有效，二是礼貌。

对待同事之过要宽容

同事之间可说的话、可共的事都很多，不管同事之间是有意的，还是无意的，偶尔产生矛盾或者有了摩擦都属于正常。

若某同事真的得罪了你，或你曾得罪了某同事，虽说不上反目成仇，但心里确实也不愉快。如果你觉得有必要，可主动去化解僵局，也许你们会因此而成为好朋友，也许只是关系不再那么僵而已，但至少减少了一个潜在的对手。这一点相当难做到，因为大多数人就是拉不下脸来！要允许别人犯错误，也允许别人改正错误。不要因为某同事有过失，便看不起他，或一棍子打死，或从此另眼看待对方，"一过定终身"。

春秋时期的管仲和鲍叔牙是一对好朋友，他们两个人合伙做过买卖，共同谋过事，一起打过仗。后来，他们两人都在齐桓公手下当大官。

管仲年少时家庭穷困，和鲍叔牙合伙做生意，赚了钱，他分给自己的多，分给鲍叔牙的少。鲍叔牙根本不与之计较，也不认为管仲贪财。此后管仲多次为鲍叔牙出谋划策办事情，但"谋事在人，成事在天"，每次事情都办得十分糟糕，鲍叔牙并不因此认为他是愚笨之徒。事实清楚地证明了这段友谊的结果：在管仲落难，被幽囚之时，又是鲍叔牙力荐管仲为相，使管仲成就了大业。

同事所犯的错误有时候会给你带来一定的损害；或在某种程度上与你有关。在这种情况下，能否用一种宽容的态度对待这种"过"，就是衡量人的素质的一个标准。原谅别人是一种美德，有时尽管自己心里并不痛快，但却应该设身处地地为同事着想，考虑一下自己如果在他那个位置会如何做，做错了事之后又有何种想法。

其实只要你愿意做，你的风度会赢得对方对你的尊敬，因为你给他面子。如果他还是低姿态，那是他的事。不过要化解僵局还需看场合和时机，也就是说总得要有个借口，让相逢一笑也自然！当然，这里需要"容"的是同事本人，对于事情本身则应该讲清楚，该严格起来决不手软。

还有另外一种是面对我们讨厌的同事，我们也要宽容待之。英国作家哈兹里特曾经说道："在所有情况下，凡是我们对某种事物表示出极大蔑视的时候，那正清楚地说明了，我们是感到与它们处在十分接近的地位上。"

因此，面对我们讨厌的人，只需消遣几句就行了，不必在言语上或行为上和他们进行无谓的争斗。

法国哲学家伏尔泰天生伶牙俐齿，喜欢讥讽同时代的社会名流。

有一天，他和一位朋友闲聊时，却十分难得地，将一位试图与他一较长短的同辈作家大大地赞扬一番。

他的朋友听完之后，十分不以为然地说："难得你这么慷慨大方地称赞这位作家，可是他却经常在背后说你坏话，还到处对别人说你是个不学无术的骗子、阴狠歹毒的伪君子。"

伏尔泰听完，不以为意地笑着说："其实这没什么，你知道，我们两个人一向都喜欢说反话！"

在竞争激烈的现代社会中，不少人由于各种各样的原因而与人争斗，有些人一陷入争斗的漩涡便不能自拔，为了利益或为了面子，硬要争得你死我活。

有这种倾向的人，一旦自己在法理上占上风，更是得理不饶人。

必须谨记"得饶人处且饶人"的道理，适时放对方一马，让他顺着台阶下，别弄得对方太没面子。

其实，原谅敌人并不是很难做到，如果你能做到这一点，你在朋友之中的声誉，无形中会提升许多，日后绝对会大有好处。

人与人之间的相处，难免有意见不合的时候，难免会发生纠纷和争执。

我们总是会认为别人错、自己对，总是忍不住想问别人："为什么你就是不懂我的心？"

我们总是容易责怪别人，总是认为别人不能设身处地站在我们的立场想想看，但却很少想到自己有没有宽容地"设身处地"为别人想过。

"设身处地"说来简单，做起来却很困难，因为我们是凡人，本来就容易受到情绪引导。

但是，所谓"初念浅，转念深"，有时候，在行动之前，先转念思考一下，或许能让我们对事情有不一样的判断，继而能冷却心中的怒火，以平和有效的方法来解决问题。

西方有一句谚语："世界上最广阔的是海洋，比海洋更大的是天空，比天空更广阔的是人的胸怀。"

不管是身体上的伤害或是心灵上的创伤，都一定会让人感到痛苦，但是如果坚持互相仇恨，相互报复，只会让伤口永远无法愈合，永远血淋淋，令人痛楚，冤冤相报何时了？

法国哲学家伏尔泰曾经因为讥讽摄政王奥尔良公爵，而被关进巴士底监狱，时间长达 11 个月之久。

在狱中吃尽苦头的伏尔泰出狱后，深知摄政王冒犯不得，否则以后还会遭殃，于是专程前去请求他宽宏大量，不计前嫌。

摄政王深知伏尔泰拥有广泛的社会影响力，也急于笼络他，因此，两人见面之后，彼此说了许多感激、抱歉之类的客套话。

最后，伏尔泰向奥尔良公爵表达谢意，幽默地说："陛下，您真是乐于助人，解决了我长达 11 个月的食宿问题。不过，从今以后，您就不必再为了这些琐事替我操心了。"

奥尔良公爵听了之后哈哈大笑，从此再也没找过伏尔泰的麻烦。

当你和朋友之间有了芥蒂，由朋友翻脸成了冤家时，这种关系该如何处理？是随时准备火力进攻，还是退一步海阔天空呢？

正确的方式是保持风度，原谅你的仇人。

人与动物的不同之处在于，动物的一切行动都依照本性而发，完全属于自然反应；但是，人的行动会通过大脑的思考，并依照当时的心理需要，然后才做出各种不同的选择。

原谅仇人是很困难的一件事。

绝大部分人碰到仇人就会分外眼红，恨不得置他于死地。即使不到那种强烈憎恶的程度，或环境条件不允许将对方彻底消灭，也肯定会采取"老死不相往来"的冷淡态度。

因此，能够原谅仇人的人，胸襟和气度无疑达到了至高的境界。

原谅仇人的好处在于，可以使你在日常生活中掌控自己，情绪不致随着对方的举动而起伏。

其实，以幽默的态度原谅你的仇人，既可降低对方对你的敌意，亦可缓和你对对方的敌意，何乐而不为？

宽容是一种美德，一种修养，也是人生的真谛之一。

容人之功，很难；容人之过，更难。

因为我们对于爱和恨的执着，让我们的心没有办法摆脱桎梏，被情绪束缚得牢牢的心，的确很难宽容得起来。

只是，若我们不能去尝试，不能学会放下，不想拥有一颗宽容的心，我们便会被迫永远沉浸在痛苦之中。

化解同事间的误会

误会是指别人对你的看法或认识与你的实际情况不符，是无意之中产生的认识上的错误。无论你如何地谨慎小心，也无论你在公司中工作了多少年，这种情况在每个职场人士的身上都会发生。因为每天和你在一起时间最长的人不是你的亲人，也不是你的朋友，是你的同事。他和你在办公室面对面、肩并肩，同劳动、同吃喝、同娱乐。如此近距离的接触，同事之间就难免会有摩擦，也难免就会因事而误会。

误会形成的原因有两个方面：一是自身的言行不够谨慎，言谈行事有欠周到、细致，使他人不能准确地领会你的意图；二是对方主观臆测。由于每个人不同的经历、学识、价值观、气质、心境等因素的影响，对同一件事、同一句话，不同的人会有不同的理解。

误会给我们带来痛苦、烦恼、难堪，甚至会产生预料不到的隔阂。所以，你一旦发现自己陷入误会的圈子后，必须调整自己，及时采取有效的方式予

以解除，使自己与同事能尽快地轻松、舒畅起来

1. 消除委屈情绪

出现或发生误会后，你首先要做的，就是不要为自己辩解。总认为自己正确、不被理解，心中怀有委屈情绪的人，必定不愿开口向对方作解释，这种心理障碍会妨碍彼此间的交流。

此时，你应多替对方着想，无论他是气量小、心胸窄，还是不了解真相，不了解你的一番苦心，你都不必去计较。只要你真诚地向他表明心迹，那么误会就会很快消失的。

2. 查清原因

产生误会后，一方怒气冲冲，充满怨恨和敌视；一方满腹狐疑，委屈压抑，双方的隔阂就会越来越深。如果这时谈崩，就会有新的误会接踵而来。

产生误会后你一定要冷静，你必须下一番功夫内外查调，搞清楚对方的误解源于何处。否则，无论你花费多少时间，也不会解释清楚的。搞不好还会越描越黑，弄巧成拙。

3. 当面说清楚

虽然误会的类型各种各样，但最简捷、最方便的解决方法便是当面说清楚。大多数的人也都会喜欢这种方法。

因此，如果有误会需要亲自向对方做出说明，你千万不要找各种借口推脱。你一定要战胜自己的懦弱，克服困难，想方设法地当面表明心迹，千万不要轻信第三者的只言片语。

4. 不要错过好时机

解释缘由，消除误会，必须选择好时机，一定要考虑对方的心境、情绪等情感因素。你最好选择升职、涨工资或婚宴等喜庆日子，因为这时对方心情愉快，神经放松，胸怀也就较为宽广。你如果能抓住这些时机进行表白，

往往能得到对方的谅解，双方重归于好。

需要注意的是，不要因为难以启齿或碍于情面而使解释的时间越拖越长。这样会使误会越陷越深，到最后无限制地拖延会造成令人更加苦恼的后果。所以，有了误会，要迅速地解释清楚。拖的时间越长，你就越被动。

5. 请同事帮忙

你与同事的误会常常是在工作中产生的，双方的误解涉及许多因素。个人解决可能会受到限制，有时候不能明白透彻地说清楚，这时候，你可以请其他同事帮忙，把事情彻底地弄清楚。当然，你也不必兴师动众，叫上一帮同事大费口舌。当误会不便于直说，你们双方又都觉得心里不愉快，产生了疏离和隔阂时，你只需要让同事帮忙为你们提供一个畅谈的机会。在和谐、友好的气氛中，彼此间心理上的距离便会缩短，许多小误会和不快都会自然地消失。

6. 用行动加以证明

有的误会如果用语言不能解释清楚，那么你就用与之相反的行动去证明误会的不实之处。

比如，有同事误解你工作成绩是靠别人帮忙得来的，这种事你是说不清楚的，只有靠自己的努力拿出更好的成绩来证实你的能力。这样，他人就无话可说了，误解也就自然消失了。

拒绝同事的不合理要求

办公室里的同事，需要相互帮助的时候很多，在力所能及的情况下，我们帮助同事是非常必要的，这样做也会给我们带来很多的益处，比如良好的人际关系和高效的工作。但也有一些人，会提出一些不合理的要求，那么怎么办呢？

快下班的时候李杰接到了好友张刚的电话，他心急火燎地请求李杰再帮他一下，写个新方案给客户，他说客户已经催了他好几次了，而他实在没时间。最近因为谈女朋友的关系，张刚常常这样请李杰帮忙做方案。

沉浸于爱河的张刚是李杰在公司里关系比较好的同事之一，以前他们在业余的时间常常一起去打球、游玩，李杰挺喜欢张刚的洒脱和率真。所以一个月前当张刚一脸兴奋地谈到他交往了一个女孩子的时候，李杰毫不犹豫就答应了帮他干点活，给张刚更多的时间去"谈朋友"。可是一个月下来，李杰发现自己越来越不快乐，他发现自己已经厌倦了总是替他做事。可是怎么拒绝好友呢？他觉得很难说出口，作为好朋友是该相互帮助的，拒绝会不会让他失去这个朋友呢？李杰想了很多。

我们常常害怕或者不愿意拒绝别人的要求，因为我们害怕失去与他们良好的关系。所以在面对同事的不合理要求的时候，我们常常感到为难。

实际上，当我们没有学会灵活地拒绝他人的时候，虽然表面上我们是答应了他们的要求，可是实际上，在我们的内心，会积累许多的怨气，而怨气的积累，会让我们自己痛苦，并且反过来有一天会影响我们与其他人的交往。所以，学习积极的沟通技巧，学会合理表达自己的感觉和说出自己的需要，对我们很重要。

拒绝是一门艺术，它最核心的原则就是无论用什么样的方法，一定要让对方感受到你的真诚和善意，从而取得理解和共识。通常情况下，先不要急于表达，认真地提问和倾听可以帮助你理解他为什么会这么做，而不至于让自己很快产生不必要的情绪，影响交谈。当你理解了他的要求时，表达出你对他的理解和友好的愿望，然后再让他理解你的想法和需要，告诉他你之所以不能这样做的理由。如果你们在某些问题上有分歧，需要你坚定但友善地告诉他你的想法，并让他看到你的坚持。

举个例子，在前面我们曾提到的李杰和张刚，当李杰心中乐意帮助张刚的时候，他可以去帮助他，如果李杰内心不愿意再帮助张刚的时候，他就可以用这样的一个简单的方法来拒绝他：先了解情况，理解张刚，再告诉他自己的想法，同样也需要他的理解和帮助。

表达友好和善意是我们拒绝时最重要的原则，它可以帮助我们建立更适宜和恰当的人际关系，在这个前提下，您可以灵活使用各种方法，有时候找一点小借口，或者介绍其他人帮他找到解决之道。

在阿富汗民间故事里有一则题为《谨慎的智者》的小故事。

有一天，帕夏把智者召来，对他说：

"智者，你的智慧，大家都知道，我任命你担任本城的法官。"

这个智者对这个差事不感兴趣，就回答说：

"伟大的帕夏，这个职务我不能胜任。"

帕夏问："为什么呢？"

智者答道："如果我说的是真话，那就不应任命我为法官；如果我是撒谎，难道就任命一个撒谎的人当法官吗？"

这位谨慎的智者实际上是不想做本城的法官，他说的"这个职务我不能胜任"不管是否谦虚，其逻辑判断显示的是不能当；如果他在撒谎，那么一个撒谎的人也不能当法官。于是，从两边挟制，得出"我不能当"的结论，轻松推辞了帕夏的邀请。

这种委婉拒绝的做法比直接对同事说"不行，就是不行"强上百倍。

虽然有时候拒绝是一个漫长的过程，对方会不定时提出同样的要求。但若能化被动为主动地关怀对方，并让对方了解自己的苦衷与立场，可以减少拒绝的尴尬与影响。当双方的情况都改善了，就有可能满足对方的要求。对于业务人员，例如保险业者面对顾客要求，自己却无法配合时，这种主动的技巧更是重要。

拒绝的过程中，除了技巧，更需要发自内心的耐性与关怀。若只是敷衍了事，对方其实都看得到。这样子有时更让人觉得你不是个诚恳的人，对人际关系伤害更大。

总之，只要你是真心地说"不"，对方一定会体谅你的苦衷。

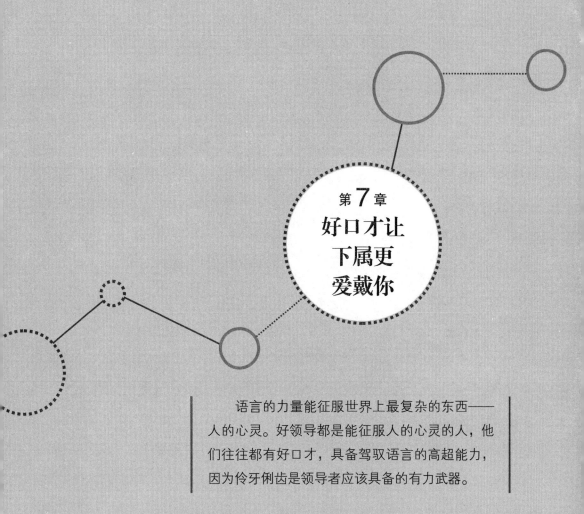

第 7 章
好口才让
下属更
爱戴你

语言的力量能征服世界上最复杂的东西——
人的心灵。好领导都是能征服人的心灵的人,他
们往往都有好口才,具备驾驭语言的高超能力,
因为伶牙俐齿是领导者应该具备的有力武器。

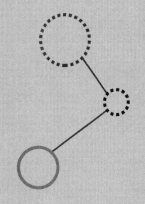

好领导离不开好口才

语言的力量能征服世界上最复杂的东西——人的心灵。好领导都是能征服人的心灵的人，他们往往都有好口才，具备驾驭语言的高超能力，因为伶牙俐齿是领导者应该具备的有力武器。

如果你是一位博学多识、思想深邃的领导者，但无法把自己所思所想正确地表达出来。你的真实才能往往也得不到展现，影响到你管理决策的正确实施和有力贯彻。

如果谈吐上水平低，也会对你的领导形象产生不良影响，不利于威信的建立。你与上级会面时，你给他最直接的印象就是你的谈吐和外表。你在谈吐上的优劣表现很可能成为他是否会提升你的重要参考依据，这绝没有夸张。

如果你是一位领导，在言语表达上你不一定要成为一名优秀的演说家。但是，为了你的成功，你必须使自己向着一名标准演说家方向努力。

这个要求很高，当你发现语言的众多重要性后，你就不会放弃在这方面的精力投入了。

一场惊心动魄的商战，由于你卓越的口才，胜利的天平便倾向你；会议上，一段精彩绝伦的发言，语惊四座，大家对你的看法大大地改变；婚礼庆典上，你几句热情洋溢、恰到好处的祝词，赢得众人的阵阵掌声……

运用自如的口才，可以帮助你团结下属、同事，获得上级的赏识、信任，直至取得事业的成功。良好的领导口才将使你受益匪浅。

作为领导，优秀的口才对于信息交流、情感沟通、建立广泛友好的人际关系，发挥着举足轻重的作用。

不善言辞表达的领导，也许你的口讷正在无形中影响着你自身的进步和发展。你切不可不以为然，自甘放弃语言表达能力的提高，做一名默默无语者，否则你的才华将被逐渐地埋没。

那么，从现在起，立刻开始锻炼你的口才，只要注意以下几个方面的说话艺术，就能磨炼出一副铁嘴皮。

1. 言简意赅

如果不是特殊需要，作为领导，讲话一定要言简意赅。会长话短说的领导，很容易得到下属的认可和喜爱。试想某君写了很多封应征信，填了很多很多张申请表，一一寄出，均石沉大海。不料得着一张回邮的明信片，仅有"某时面谈"简简单单几个字，他一定终生忘不了这张短短的回邮。

2. 最后出场

"重点置之于后"的心理因素在中国最具有代表性。开会时，官阶越高的人越后到；舞台上角儿露脸，最后出场的角儿，便定是最重要、最顶尖儿的。其实说话也一样，愈将重点放在后面，愈能显出所说的话的重要性。

3. 说出个性语言

一般人都有自己的习惯用语，即口头禅，口头禅是人们常挂在嘴边的口头语，总是以这句话来介绍自己，来强调自己，使别人听来亲切自然，也为自己树立了一个独特的形象。

4. 幽默风趣

幽默的话，易于记忆，又能予人以深刻印象，正是自我标榜的商标，借此可以使人们记住你，并使你的话产生更大的力量。

5. 句子短些

短句子说起来轻松，听起来省力，吸引力也强。最好一句话一个意义，一句话的含义过于复杂，听者费力，交流就多了一层障碍。

6. 通俗易懂

选择什么线索来整理说话内容，可看需要而定。要注意通俗易懂，忌讳古词语、中国洋文、专业用语。至少要吐字清晰，语速适当。

7. 坚定自信

说话时要坚定而自信，眼睛正视对方，这样才显示你是充满自信和颇有能力的。若讲话时眼睛不敢正视，握手软弱无力，会使人觉得你意志薄弱，容易支配。

8. 姿态端正

开口说话时端正姿态，给听者留下一个好印象。与别人谈话时，身体稍往前倾，会让别人更容易接受你的意见。

9. 手势有力

作强调时运用手势，但不可指着别人的脸晃动手指。讲话慢而清晰，语言简短，等于告诉对方：我有能力控制一切。

10. 关注听众

注意对方的眼睛。研究显示，一个人紧张，目光会游离不定，而且眨眼次数增加。注意对方的小动作，一个人可以做到喜怒哀乐不形于色，但他的小动作会透露他的心情。例如你在谈话时发现对方的腿在轻轻晃动，这表示他对你的话不以为然。

11. 扩大知识面

知识面越广，话的含量也会越丰富，也越能令你在各种场合充满自信地加入别人的谈话。

除此之外，你还要注意行动轻捷，笨手笨脚对你的形象损害最大。穿着上要整洁，避免刺眼的色彩和繁复的配饰，保持干净、挺括。并要注意身姿，含胸显得畏缩，昂首挺胸可以创造出你居于领导地位的形象。

所以，不要自卑于你天生嗓音不好，也不必羞耻于一时的拙嘴笨舌，更不要为自己进步缓慢而灰心。只要你锲而不舍、坚持不懈地在实践中努力，就一定会拥有优秀的口才，到那时，你会感觉如虎添翼。

与下属单独谈话讲技巧

同样是领导，同样是讲话，有的人讲话分量重，有的人讲话分量轻，这就是讲话方式所造成的差异。讲话的方式，对一个领导者而言，十分重要。尤其是作为领导，无不都会遇到与个别下属谈话的机会，那时就更显得口才的重要性了。

有的人很会"谈话"，不管什么人，也不管多么复杂的问题，经他一谈就迎刃而解；有的人却不会谈话，甚至一谈就崩，原本并不复杂的问题，经他一谈反而复杂了。

这说明个别谈话其实并不简单。不同的谈话对象和不同性质的谈话，在语言运用上应该有所不同。谈话对象个体之间的差别是很大的，不同的出身和经历，不同的文化程度和性格，不同的年龄和性别等，都有不同的心态，而且影响着对外部事物的接受和理解。

人的口味千差万别，爱吃萝卜的不一定爱吃梨。一般地讲，知识分子理性观念较多，谈话时道理应讲得深，言辞文雅并注意逻辑性；文化水平较低的人理性观念相对少些，谈话时讲道理应深入浅出，并注意多讲些实实在在的事；性格开朗的人，喜欢快言快语，不喜欢拐弯抹角，与其谈话可以开门见山，直截了当；性格内向的人，往往思想含蓄而深沉，与其谈话不能过于直率；年纪大的人阅历丰富，与其谈话切忌说教；年轻人阅历浅，有的涉世不深，谈话时就应该多讲些道理。谈话内容不同，谈话的方法要有区别。

1. 表扬的话如何谈

好话好听，却未必好说，要艺术地说出表扬的话，难度是相当大的，但有一些基本的原则则值得揣摩和借鉴：

首先，实事求是，措辞适当。下级在工作中完成了目标，取得了成就，当然应给予适当的肯定和表扬，但如何把握其中的度，则应予以考虑。如果不适当地高估下属的成绩，人为地赋予成绩本身不具有的意义，乃至流于庸俗的捧场，那就会产生一系列负面作用；会使受肯定和赞扬的下级产生盲目自我陶醉的情绪，自以为自己的成就真的具有那么高的意义和价值，损害了励精图治的开拓意图；会使其他下级产生不满情绪，对于人为树立起来的名不副实的样板，同事们会从不服气到猜忌，进而产生厌恶感，不仅不能起到示范作用，反而影响下属之间的团结；会使下级中间滋生不务实、图虚名的不健康风气，当下级看到小有成就也可得到极高的赞扬，便会动摇脚踏实地、孜孜以求的信心，难免产生浮夸、造假、沽名钓誉、邀功讨赏的现象，从而使本来作为一种激励手段的表扬异化，其本来的意义被极大地扭曲。因此，肯定和表扬下级的语言，决不可套用滥调，任意拔高，"唯陈言之务去"应当是一条基本要求。

其次，真诚恳切，具体深入。美国著名心理学家威廉·詹姆士说："人类本性上最深的企图之一是希望被赞美、钦佩、尊重。"渴望被肯定是每一个人内心中的一个基本愿望。所以，当我们生活在社会当中，要想在自己身边形成一种善意和谐的气氛，就应当去努力寻找别人的价值，并设法告诉对方，这也正是肯定别人的意义所在。适时适当地表扬下级，也正是基于这样的目的。值得重视的是，这种赞美和表扬只有是发自肺腑的情真意切之辞，才能发挥出最大的效力。虚伪与委婉，不着边际地套用一些溢美之词，难免产生负面作用。

再次，全面分析，扬长论短。老子云："声一无听，色一无文。"下属取得了成绩固然可喜可贺，但单一的强调成绩往往不能起到增进认识的作用，而且还有可能滋生下属的骄傲自满情绪。事实上，正如瑕瑜互见的道理一样，任何长处都与某种短处相连，绝对肯定和绝对否定一样都是有害的。领导越是在常人不易察觉之处，独具慧眼地发现下属的长中之短，那么领导的威信和可信赖度就越高。而在表扬的同时给予适当的意见，既会使下属在心理上更容易接受，又使赞扬的话语显得刚柔并济。

最后，注意技巧，方式多样。任何一种表达方式，如果千篇一律毫无变化，或者过于直接，往往产生负面作用。赞扬也是一样，不能永远都是"你干得不错"这类的陈词滥调。有时候同一种意思换个表达方式，往往产生完全不同的效果。

（1）对比性的赞扬。就是把赞扬对象和其他对象比较，以突出其优点。这种方法能给人一种很具体的感觉。"有比较才有鉴别"，正说明了这个道理。但也正因为如此，从另外一个角度看，它会产生一个负面，从而容易引起人际关系的矛盾，所以在比较时，就不应用贬低来代替赞美。

（2）断语性的赞扬。就是给被赞扬者一个总结性的良好评价，语气要以肯定判断的形式表示。实际上，对别人的工作进行肯定就是一种赞扬。但是由于这种赞扬是较为全面的、总结性的评价，所以容易抽象，而且领导者也会给人一种高高在上的感觉，因此一般要与其他方法结合使用。

（3）感受性的赞扬。就是领导者就某一点表示自己的良好感受。因为他陈述的只是感受，不受其他条件的限制，所以这种形式能充分发挥出赞扬的优势。实施这种赞扬有两个步骤：一是把被赞扬者值得肯定的优点"挑出来"；二是让被赞扬者知道你对他的优点很满意。这样，赞扬的作用就自然而生，而且令人信服。

2. 批评的艺术

与赞扬下级时一样，如何把批评的话说得有水平，既达到效果又避免矛盾的激化，就是我们所要面对的问题。

首先，切忌恶语伤人。无论任何团体，当员工犯下不可原谅的错误时，作为领导无可避免地要对其加以斥责。但是每个人都有自尊心，批评应是在平等的基础上进行的，态度上的严厉不等于言语上的恶毒，切记只有无能的领导才去揭人疮疤。因为这种做法除了勾起一些不愉快的回忆，于事无补，而且除了被批评者寒心外，旁观的人也一定会不舒服。

其次，切忌捕风捉影。上级批评下级，责任要分清，事实要准确，原因要查明。从实际出发，弄清事情的本来面目，找出问题的原因，恰当地分清责任，这样的批评有理有据，既不夸大，又不失察，下级当然口服心服了。所以，上级批评和否定下级，必须以事为依据，以政策为准绳，不能随心所欲，更不能以感情代替原则。这就要求领导者必须心胸豁达，最忌讳神经过敏、疑神疑鬼、听信流言、无中生有。

3. 切忌喋喋不休

批评的质量与其数量之间，并不存在正比关系，有效的批评往往能一针见血地指出问题的实质，使下属心悦诚服，而絮絮叨叨的指责却会增加下属的逆反心理，而且即使他能接受，也会因为你缺乏重点的语言而抓不住错误的症结。

认真倾听下属的谈话

曾经有人这样说："上帝赐给我们两只耳朵和一张嘴，就是要我们多听少说。"这种说法固然幽默得近乎牵强，但结论却是千真万确的。保罗·蓝金曾就各行业的主管在沟通方面所花的时间进行广泛的分析研究，发现主管人员有 70% 的时间，用在沟通上。在沟通时间中，45% 用于听，11% 用于读，14% 用于写。这说明听在沟通中占有极其重要的地位。

实际工作中，许多人喜欢说在口上，做起事来却拖拖拉拉；许多人虽然说得少，工作却如老黄牛；许多人又是喜欢溜须拍马，投机钻营……作为一个领导，倾听部下的谈话是非常重要的。可以说，不会倾听部下谈话的领导，是完全不称职的。

通过倾听，可以了解到许多下情。闭目塞听，只能使你成为孤家寡人，同时也会使你的工作脱离实际。

工作的积极性来源于物质和精神的满足。如今生活水平普遍提高，物质满足已基本不是问题。员工期待解决的是怎样实现自己的精神满足。领导的赞扬是员工精神满足的重要方面，对员工的激励作用非常的强大。问题是作为领导的你，知道该称赞哪个员工，这个员工需要什么样的称赞吗？倾听部下的谈话，可以帮助你解答这个问题。

1. 攻心为上

做领导容易，做好领导并不容易，特别是做一个受下级尊敬爱戴并信任的领导就更不容易了。领导和部下之间，因为职位的不同，导致了地位的不同，但地位不同并不代表着你们的人格有差别。摆正自己与部下的位置，把部下视为良朋知己，而不是奴仆。放下架子，善于听取部下的意见，善于接受人家正确的批评，做一个平民领导，就能消除部下隐藏心底的防线，获取对方的尊敬和信任。

办公室新来了一个小伙，此人文静秀气，少言寡语，只知埋头默默地工作，很少与人来往。其他同事见他这样，也对他很冷淡。长此下去，对他办公室的工作都不利。

怎么办？办公室主任看在眼里，急在心头。

找机会跟他聊聊吧？好主意！

没几天恰好有人过生日，在你的授意下，几个同事软磨硬缠把他拖了去，席间你让他坐在自己旁边。酒过三巡，大家都微有醉意，气氛有些热烈起来。谈论的话题慢慢地转到这位新人。接着你话锋一转，点出他过于沉闷了，应该活跃一些，跟同事们多多接触，搞好关系，因为团结就是力量嘛。他听了神色黯淡下来。

过了一会儿，他悄悄地对你说："主任，不是我不想活跃一些，只是我心里苦啊！"

好，有戏。你用眼神鼓励他说下去。

"在转来前的一家公司，和我相恋了三年的女朋友竟然跟我们公司一个有钱的帅哥跑了。我恨透了他们，恨她薄情寡义，恨他那种平时跟你称兄道弟，谁知却对你不仁不义的小人。我现在心都冷了，过一天算一天吧。"

找到病因就好办。你先肯定了他愤世嫉俗是作为一个正直人应有的行为。然后你又开导他人应向前看，从好处想，世上并不都是坏人，再说像那种无情无义的人没了也不可惜。

从那次生日派对以后，那新人慢慢地开朗起来，对人也更热情了。

所以，当领导的你如果以为自己职位高一些，就可以对部下发号施令，指手画脚，这只能割离了你和部下的关系，使部下离心。相反，与部下打成一片，则更显你作为领导的风度。倾听他们的谈话，了解他们的性格，满足他们的需要，赞扬他们的优点，只会使你工作起来得心应手。

2. 恩威并用

领导都有自己的威严，威严是职位形成的。同时，平日的批评、命令也表现了你威严的一面。但是只有威严的领导是不全面的，对于开展工作也不利。因为对这样的领导，员工一般是敬而远之。如果一个领导想赢得员工尊敬的同时，还想令对方信任的话，"恩"是必不可少的。可以说，赞美就是一种"恩"，了解下属的疾苦，关心他们的生活，也是"恩"的表现。

和蔼地、诚恳地倾听部下的谈话，聆听他们的喜怒哀乐，将会使他们心悦诚服地服从你的领导。倾听中你了解到了他们的喜好；明白他们的特长或特点，你就能做到知人善任，胸有成竹。

用威严暗示他们你的职责所在，用你的关心告诉他们你对部下的尊重与重视。

美国电话巨头福拉多被称为"十万人的好友"，他和下属有着非常好的关系，下面是一个有关他对员工"施恩"的例子。，

福拉多从街中心的地下管道中钻了出来，在这寒冬的深夜，行人稀少，他的行为使人联想到电影中罪犯借地下管道潜逃的场面。旁边刚好有一个警察，便上前去盘问他。走近一看，才发现竟是电话大王福拉多。原来福拉多听说有两个工人在地下管道内紧急施工，便前来表示慰问。并且听取了他们的一些意见，决定提高这种条件下的加班费。

日本管理大师松下先生认为，平时应以温和商讨的方式引导部下自觉地做事。无论用人还是教人，都要一手执剑，另一手却温如慈母，做到宽严得体，才能得到部下的尊敬。

真诚赞美赢得合作

赞美必须真诚。真诚是人与人之间顺利交往的基础，真诚是实现融洽交际气氛的关键。上级在不了解下级的情况下，只能讲些缺乏感情的公式化语言，这是很难打动人心的。而事实上，绝大多数人认为下属经常对领导溜须拍马、真诚赞美是天经地义的事；让领导拍下属的"马屁"，多说赞美下级的话就有点儿让人难以接受了。其实，出于把单位搞好的目的，领导对下属多加赞美，甚至奉承也是在理的。例如，有一件任务是领导者和其他下属所做不来的，要做成此事，只有一位下属有可能。那么，做领导的就应该积极主动地走过去，对这位下属多作鼓励，多加赞美和肯定有什么不可以呢。但领导说出的赞美之词应该是人们希望得到的赞美，这些赞美应该能真正表明他们的价值。就是说，人们希望你的赞美是你预想的结果，是你真正把他们当成值得赞美的人而花费了精力去思考才得出的结论。

常言道："恭维不蚀本，舌头打个滚。"要赢得下属，赞美是一件轻巧实用的武器，又用不着你掏腰包，何乐而不为呢？但真诚地赞美他人要有一定的前提条件，失去了前提，真诚就带有了虚假成分，久而久之，只会让人认为你没有能力，一味地依赖下属，下属们对你也就失去了信心。失去威信和信任感的领导，也做不长领导了，这是必然规律。

言之有物的赞美能真正露出对方的心血、精力之所在。如果对一位下属只说他很能干，还不如说某件具体事他办得很漂亮更实惠一些。一位工作有成就的人，听到的恭维话自然很多，你再泛泛地赞美他的能力，好似把一杯水倒时大海，毫无影响。如果你对他的工作确有了解，或者你作为外行能了解他的工作性质、意义，那么这种称赞的效果就会强烈得多。

黄宗英采访柑橘专家曾勉时，以一个外行的身份谈到她了解到老专家的"枝序修剪法"与众不同，这样一来老专家知道对方是真诚地敬重自己，居然了解到自己的具体专业成就，也就沟通了感情。

赞美的动机要纯。生活中往往会出现这样的情况，因赞美者动机不纯，使措辞失去了作用。就像人们深恶痛绝的阿谀奉承之类，一般明智的人总是很警觉"胡乱吹捧"，尤其是赞美者希望通过赞美得到好处，听者的防范大多很明显。

赞美下属不可频繁。一个人如果一个月之内受到多次表扬，也许会使他产生自满的心理，总认为自己是不错的。一旦缺乏压力，人就会自满、懒惰，不思进取，容易犯错误或做错事。

精明的领导都应该巧妙、合理地运用表扬这一调动下级积极性的武器，指挥有方，随机应变。但该批评时也要尽管批评，这样才能显示出互相之间的关爱。因为关爱不是恩宠，更不是虚伪，而是一种发自内心的体贴。对于下属，既予以真诚的赞美，又施以体贴的责备，这才是具有说服能力的管理人员。

再者领导还可以从日常细节入手，下属穿了一件新衣服，你第一次遇上他，可以摆出欣赏神色，兴高采烈地赞扬：

"这件汗衫很称你啊！

"噢，打扮得叫人眼前一亮哩！"

"嗯，今天这样漂亮，有喜事呀？"

"你真有眼光，这衣服太帅了！"

有人穿了新鞋、烫了头发，甚至背了个新手袋，你也可以套用以上的赞词。不过记着，必须在第一次见面时就说，否则就流于虚假和公式化。

除了打扮，请多注意下属的工作表现。某下属刚好成功地完成了某项任务或者顺利出差回来，别忘了恭贺人家，说：

"你真棒，难怪老总器重你！"

"你的干劲实在值得我们学习！"

"旗开得胜，下一个任务又是你的囊中物了！"

一般人总爱听赞美话，聪明的你就不妨大方一点，多赞美别人吧！"这个意见不错，就这样做吧！""真棒，你给我提供了一个好办法！"这样，适当的时候，运用恰当的话表扬和激励下属，适当的时候，掌握批评的分寸，恩威并用，你的下属会更努力地为你效劳。

好口才令威望应运而生

一项调查显示，被列举的各类受尊重和有威望的领导中，和蔼可亲、平易近人是他们共同的特点，被接受调查的人，百分之百持这种看法。坦率真诚，向下级善意地表示接近的良好愿望，使下级感到受尊重、被重视，不仅会激发被领导者的积极性，还使大家对领导的思想修养、工作作风、领导意图有所了解，下级对上级习惯性的心理距离由此逐渐缩小，领导的威望自然应运而生。

1. 给下级最大的礼遇

谁都希望自己的价值被认识肯定，才干得以发挥。知人善用，任人唯贤，了解下属的长处与弱点、爱好和脾性，不求全责备，用其所长，略其所短，充分发挥他们的聪明才智，是领导者对被领导者的最大礼遇。

2. 关心下属也是修养

领导者对下属的关心，不能看成仅是工作方法。关心他人与否能反映一个领导者的道德、情感、修养。优秀的领导者即使工作再忙，也抽出时间来与被领导者聊聊天，了解大家的生活情况、思想情绪、遇到的实际困难，必要的给予帮助；自己的工作、生活有哪些忧愁烦恼、收获快乐，也不妨吐露，使别人了解。即便是无目的的闲谈，也可表示与下级融为一体的意愿，从而使上下级之间的心理距离缩短，下级会把上级当作朋友来信任，相处起来便无多少隔阂。

3. 会表扬更要会批评

褒贬一个人，极易引起对方思想和情绪上的波动，而这种反应依褒贬者的方式方法和被褒贬者的荣辱观及当时的情境不同，会产生不同的效果。恰当的表扬与批评，引起的心理反应将是积极的。一般来说，表扬会强化人的积极行为，批评会强化人的消极行为，表扬与批评的动机不纯或方法不当，效果可能会与愿望相反。

4. 不分亲疏同等对待

个人交往，难免有亲疏之分，有的脾性相投，有的话不投机，但将私交中的亲疏关系掺进上下级关系中，就会破坏上下级关系。作为领导者，一方面代表他个人，一方面又代表一定的权力机构，在上下级关系中也表现出亲疏，就会有失公正，伤害一部分人。无论下级与自己个人感情亲近与否，私人和工作中的关系怎样，是否反对自己，都要在工作上给予一样的支持，生活上给予一样的关心。有些领导喜欢迎合讨好者，讨厌爱提意见者，殊不知，前者往往抱有个人目的而非出于对领导的尊重，后者则大多出于责任心想帮领导者把大家的事办好，当然不一定非对前者严加斥责，委婉地给予回绝很必要。

5. 给下级一种安全感

工作时胆战心惊，唯恐哪一天触犯领导，或者有了错误，承担不该承担的责任，被这种心态笼罩的下级，工作积极性不会很高，上下级之间的人际关系也不会融洽。

当下属在工作中遇到挫折失败，特别是这种挫折失败由客观原因造成时，领导者应勇于承担责任。将责任全部推给下级，甚至自己的责任也找"替罪羊"，这样的领导会失去群众，谁也不会愿意在他的手下干事。对顶撞过自己，反对过自己，甚至犯过错误的下级怀恨在心，或者嫌弃、给小鞋穿，有失领导者的风度，也会给下级造成不安全感。宽容、谅解，体现了一个人的高度修养，也有利于取得信任、尊重。若能虚心听取下级意见，重视采纳合理的建议，对不尽正确的意见也采取欢迎的态度，会增进上下级间的了解，消除隔阂，增加领导威望。

表达清楚下达的指令

领导与员工之间的大多数沟通是建立在口头基础上的。要想把每一条命令、每一项建议都写下来是不切实际的，也是不可取的。但问题在于很多时候以口头方式发出的简单指示、请求或意见，被听者彻底地误解了。

不论领导多么准确地表达，多么精心的措辞，员工还是会在一些时候误解领导的本意。而文字可以表达诸多不同意思。员工的教育背景、生长地域、智力与培训等等因素，都可能对他们的理解产生一定的影响。这就是为什么得到口头反馈十分重要。不要太信任从员工那里得到的简短的"是"或点头这类回答。他是否完全理解了指示？指示的内容是什么？如果员工在领悟指示时"不够准确"，尔后会出现什么问题？你会十分震惊地发现，有多少信息其实是被"曲解"了。

领导对这种不良的结果感到非常失望，而员工却认为自己在忠实地遵循领导的指示行事，也因此十分不愉快。

如何减少这种误解呢？对领导来说，首先要认识到同基层员工和高层管理者对话时必须谨慎小心。要具体而准确，任何不经过周密思考的陈述都可能导致不良的结果。

1. 仔细考虑批示的内容

领导必须认识到，他们所说的每一件事都有着更高的"重要性"，这仅仅是因为对基层员工来说，他们代表着权威。一句看似无关紧要的陈述与它所达到的结果是完全不相称的，管理层级或职衔越高，这个人所说的话就越重要。任何大公司的总裁都不会轻易发表评论。

领导不仅要思考他们自己打算说什么，还要考虑别人会如何获得和理解信息。甚至还要想到接受者可能做出的反应。当领导与基层员工对话时，可以使用下面这份心理检查表进行检查：

（1）我想要说什么？

（2）这一信息应该告诉给谁？多少人将会受其影响？

（3）在传达信息时，我拥有可靠的事实吗？

（4）如何最好地表述信息使听者能够理解？

（5）他们会在第一时间就获得信息吗？信息需要重复吗？

（6）听者可能做出什么样的反应？他们会有不同意见吗？

（7）需要对信息进行"包装"吗？

（8）在下达指示时，是否还需要当场示范？为了进行这种示范需要做些什么工作？由谁来示范？

（9）接受指示的人需要时间进行练习吗？需要多少时间？

当利用这一心理检查表时，领导在向员工传达指示之前，必须先要慎重"构思"他们的口头信息与指示。这是他们分内的职责。

2. 注意谈话方式和态度

谈话的方式与内容同等重要。粗声粗气或不愉快的语气传递信息时，听者所接收到的反应几乎总是情绪性的。由此领导可以预料到听者也会以同样的方式做出反应。当你以这种方式讲话时，听者必定对你想传达给他的信息感到不快。

语调与行为举止是重要的沟通工具。指令必须传达得准确果断。对指令的执行必须毫无疑问。在传达指示时，员工应该得到一个全面的解释，要坦率，要允许提问，要聆听不同意见，不要以自己的资格而自以为是。对了解自己工作的有经验的员工给予表扬，认真思考来自员工那里的任何有意义的修改意见，以获得更理想的结果。

指示传达到员工那里并被员工所理解是问题的一个方面，员工有足够的热情对待它们又是另一个方面。尤其在实行一套新程序或新系统时更是如此。领导必须认识到人们不愿意变化。他们喜欢熟悉的东西，变化是令人不舒服的。

这就是为什么领导要在传达指示时表现出积极的态度。永远不要在传达指示时感到歉意，不要让人认为试图对目前的状况进行改进是管理层的事。永远不要责备管理层进行的这些变革，因为这无济于事，员工把领导也视为管理团体中的一部分。领导必须采取的态度是把变革看成是必须的，因为变革的目的是更好，而且它一定会更有成效。

对于变革将如何影响到他们自己以及他们工作的各个方面，员工有权从管理层获得解释。应该尽可能使这些解释完整全面。

在传达口头指示时，领导还必须事先预料到下属可能做出的反应。他们会提出什么反对意见？如何回答这些反对意见？如何把无聊的抱怨与合理的关心区分开来？是否某个人比别人的抱怨更多？如何让这个人在会议中处于

"中立状态"？

对领导来说，试图向员工灌输团队精神也很重要。在对新职员做总结时使用"我们"而不是"你"的称谓。向员工征求如何实现目标的建议。领导可以通过亲身去做一些没有人愿意干的工作来表明自己对变革的积极态度。

3. 选择好谈话地点

在传递口头信息时应该考虑的一项重要因素是，到底应该在什么地方传递信息？领导办公室是传递信息的最安全场所。这里是领导权威的最强象征。对于下面这传递信息来说，领导者选择办公室作为交谈地点是十分恰当的。

还有很多的情况下，领导到员工的办公桌前或办公室里交谈更为恰当。比如，员工可能拥有进行讨论的数据和资料，领导不希望打断员工的工作。如果你希望表扬员工或对他表现特殊的认可，到下属的办公室里或办公桌前驻足交谈也是一个好办法。

领导可能希望相互之间的交流显得更随意。在大厅或饭厅里碰到员工，向他发出你的信息或指令，就好像一切均在不经意的时候发生的。

当需要向很多员工传达指示或指令时，就需要使用会议室了。在工作区域之外举行会议意味着会议不希望受到干扰。

如何向下级通报坏消息

公司人多事多，不可能天天有喜事，月月涨薪水。若是碰到了不好的消息，往往还需要作为领导的你来给下级做个通报。虽然有些难说，但上司不说是不行的。关键是要说得委婉一些，尽量减轻对下属的打击。比方说，告诉下属被降职了，解雇了；下属辛辛苦苦拟好的计划书，却被上司否决了等等。

此时就必须要注意用变通的方法通报坏消息，争取让下属真心接受。

1. 变更计划时

要更改已经通过的计划，该如何向下级说明？万万不能对下级说："不关我的事，都是经理一人说了算，我也没有办法！"

这样虽然把责任转嫁给上级，自己暂时没有问题了，但部下会对经理产生怨气。或者，一旦下属明白上司是在推卸责任，肯定会对上司产生极大的反感，上司也会威信扫地。

上司也不应该为了防止下级反对，而用高压手段制止对下属开口，这样做会引起下属的不满。正确的态度应该是情理兼顾，晓之以理，使下级真正地心服口服，这样才不会丧失工作的积极性。

2. 提案被耽误时

上司接受了下属的提案，并且满口答应"看一看"，但因为忙碌，最终还没有看。可下属又在满怀希望地等待得到一个答复，如果下属主动问上司："那个提案，您看过了吗？"

在这种情况下，上司应该直率地说："我现在很忙，实在没有时间细看。不过一周之内一定会给你一个满意的答复！"

如果提案需要递交给更高一级的上级，而其上一级的态度又不明确，以至于没有确定结论时，最好能说明立场，表示自己已经递交给了上级，却迟迟不见回音。不得已催促上级时，所得答复却是否定的。这时更要详细说明，千万不能敷衍。

3. 解雇降级通知时

上司们最不希望从他口里说出的坏消息，就是告诉下属他或从明天起就将失去自己的工作。事实上，解除雇佣关系无论对员工还是对老板来讲都会带来一种精神上的不安。许多管理人员都承认，他们总想延缓这种冲突和矛盾，希望出现奇迹，或者情况有所改变，甚至希望雇员主动提出辞职。

不得不解雇某个下属确实是加在上司们肩膀上的重担，但在现在公司管理中，有时经理不得不这样去做，因为公司必须考虑到它的费用及每个员工对公司的价值。当经理对某位下属说"我们必须让你走"时，往往有一种负罪之感。因为觉得此下属落到这一步，自己也有责任。有时会觉得这位下属的失败也是自己的失败，也许会说"首先我不应该雇佣他"或"如果我在培训他时做得很好的话，我应该看到出了什么问题，然后帮助他。"

总之，不管多么不情愿解雇下属，但绝大多数管理人员都必须正视这一难题，所以必须学会如何对被解雇员工谈话。这是很重要的技巧。

一家工厂的老板在谈及他所知道的一个讲话极讲究策略的人的时候，是这样说的："他就是在我第一份工作时解雇我的那个老板。他把我叫了进去，对我说：'年轻人，要是没有你，我不知道我们以后会怎么样。可是，从下星期一起，我们打算这样来试一试了。'"

有时候，公司人事调动，下属被降职，或者调到分店，或者被打入"冷宫"，委派他去干一些鸡毛蒜皮的小事，总之不再受到重视了。上司这时有责任通知他，并且要耐心安抚，尽量使他能保持积极愉快的心情前往新岗位就任。

请千万记住不要用伤感情的字眼。下级被降职，心里本来就非常不痛快了，上级再用词不当，甚至恶语伤人，无异于是给下级火上浇油，容易造成难以想象的后果。

领导要会"打太极"

人的情绪是很难量化的，而职场上对很多难以定性的事情也是很难做出准确答复的。所以，在职场管理中，遇有情绪失控或很难答复的事情时，恰当地说些模棱两可的话，也就是平时人们常说的，遇事说话"打太极"，在无形无影中就可以有效地缓解矛盾，化解难堪。

1."打太极"可以避免陷入矛盾境地

上司在与下属谈话中常常会遇到这样的情况：自己不好回答又不得不回答的问题。一旦失言，就会把问题弄得糟糕而不可收场，但只要在冷静中巧妙周旋，一定会摆脱困境。运用打哈哈的语言就是一种好方法。这种方法是用一种使用含义不确定的模糊语言，不让对方精确地把握答语的含义，增强了语言在谈话中的适应性、灵活性和生动性。

有一艘豪华客轮满载游客，即将到达旅游胜地的时候，客轮突然慢慢地停了下来。原来好事多磨，谁也没有料到，客轮出了问题。团队成员见客轮迟迟不能启航，急于想到达旅游区的游客心情开始浮躁起来，围着他们的领队，追问客轮何时能够启航，何时能够顺利地到达，有的则进行责问，更有甚者开始破口大骂，情绪激动可见一斑。这时候，他们的领队则镇定自若，面带微笑，不停地向大家打招呼："请大家别急。客轮只是出了点小问题，不费事的，技术员们正在做检查，一会儿就好，客轮马上就可以启航，马上就可以启航！为了大家的人身安全，请大家再耐心等待一会儿，再耐心等待一会儿！"她不断地进行重复，游客们终于慢慢平静下来。

在这里，他们的领队，针对游客急于到达旅游区又要一路平安的心理，面对游客的盘问与责备，没有急躁，也没有给出确切的答复，却用一连串的"一会儿""马上"等并没有确指的词语给予承诺，然而正是这一模糊语言的运用，使游客们中途平静地滞留了近一个小时，巧用模糊语言抚慰了游客们不平静的心。试想，如果他们的领队在没有把握的情况下，给出明确的时间答复，或者说时间短一些，如"十分钟之后，就可以启航。"但是，十分钟之后，客轮仍然不能启航，就把自己推向矛盾的境地，到时再作解释，游客们也不能相信，到那时，怨声再起，更难平复。或者说时间更长一些，也只会增加游客们的怨气，于事无补。当然，更不能面对游客的盘问，不给任何的解释。

2. 用模糊语言应付论人是非者

有些下属总喜欢说三道四，甚至于散布流言蜚语。俗话说："来说是非者，便是是非人。"这种人的心理，处在一种不平衡的状态，嫉妒心很旺盛，他们甚至于倾向把自己的快感建立在他人的不幸之上，心里往往巴不得他人越来越倒霉，越来越困窘。作为上司不要想当然地认为，在自己面前讲他人是非的人，就是上司的亲信。其实，在领导面前道他人是非的人，在其他人面前自然也会讲领导的是非。

跟这样的下属交谈，不宜过于坦诚，把自己的心里话都告诉他，对他所道的是别人是非，也不要轻易赞同。当然，也不要得罪他，不能立即下逐客令，要求对方住口。在说他人是非者的心目中，上司至少还是他可以交流的对象。对于这样的人，可以采用模糊语言的表达特效，给予回复。在那种既不好说真话又不愿意说假话的情况下，只好说些不着边际的"太极"话，敷衍搪塞。

这种冷淡的反应，让这一类下属觉得话题无法再交流下去，知难而退，从而中止谈话。先用哼哈之类的模糊语言敷衍一下，然后，主动把话题引向健康的方向，实在不可摆脱，还可以选择巧妙的借口，走为上策。

3. 用模糊的语言应付谈人隐私者

在与下属谈话的时候，上司尽量不要触及他人的隐私，那是在人的内心深处一块不希望被人侵犯的领地，尊重他人隐私的神圣性，同时也是尊重我们自己。

但上司却有被下属问及自己隐私的危险，比如："你的收入多少？""夫妻感情如何？"再如，面对女性直接问对方的年龄，刺探他人社会背景等等。一旦被这些好事者探得一点蛛丝马迹，可能会面临着传播开去、流言四起的局面。因此，遇到这样的人，不能有啥说啥，可以采用模棱两可的回答方法，既不冷落对方，又不使自己为难。

如果下属问我们"你的收入是多少？"我们可以回答"不比你多多少"；如果下属打听你的出身和来历，有意问"你是怎么到这个单位的？"你可以说"如果你感兴趣，待以后我慢慢地告诉你"；如果下属打听到你父辈是某一级领导或在本单位当上司，而故意问你"你在这个单位不错吧？"你可以说"全托你的福"。

有位陈经理在职场上滚打多年，对于那些猎奇者很有一套回绝办法。他的上司刚被提拔为更高一级的单位主要上司之一，有下属借此对他揶揄说："这下子你可平步青云了吧！"陈经理明白对方的言外之意，这是在说处在他这样特殊的位置上，不是靠自己的才干，而是依附于他人得到提拔。但是陈经理没有做过多的计较，只是一笑，说："真的？你算得这样准？那我可要感谢你了。"答话不卑不亢，但却透露刚气，对方立即为之语塞。试想，如果陈经理真的较起劲来，说出一番大道理，那就显得太认真，反而适得其反了。

陈经理采用的是避实就虚的模糊回答法，在职场与下属交谈中，这种方法的运用是很常见的。如果你是业务经理，常常能听到有下属以半真半假的口吻对自己说："听说你谈成了一笔大生意，该发财了吧？"若不承认，对方肯定还是将信将疑，若承认，也许正落入了对方的圈套，而且事实上有可能并没有这回事。你可以这样回答："我听说了，你也听说了？那咱们一块干吧！"听了这样的话，下属也就不好意思再问了。

4. 用模糊语言把对方问的问题抛给对方

当下属有意当众刁难上司时，上司可以来个模糊回答法，把对方问的问题再抛给对方。

汪某是个乐于看他人笑话的人，别人高兴，他就觉得难受，别人遇到了不如意的事，他就格外高兴。有一天，他的主管郭某因为失误让上司说了一顿。汪某得知后，就问郭某："听说你最近有些不顺利的事，怎么啦？"郭某一见他那样子，就没好气，但他平静地说："既然已经知道，还说什么呢？"

郭某的回答，把汪某的问题顺势又抛给了汪某，既然他已经知道了，那就让他回答好了。

在当前激烈竞争的经济社会中，尤其是职场中，上下级之间越来越注重交际艺术，尤其语言作为交际的工具，对谈话的技巧，也越来越讲究模糊化的口才艺术。日常工作中就有很多类似这样的例子："这件事，我们需要召开专门会议，研究之后，才能给您答复，希望您能谅解！"

在与下属交流沟通时，采用模棱两可的回答法，是必要的，一来可以照顾到现实的需要，二来也可以不至于陷入不可后退的地步。但并不是什么时候，模糊语言都有好的作用，该用准确语言的时候，是不能使用模糊语言的。

从语义特点上讲，模糊语言比准确语言表达的意思要轻，对同一事件的表述，模糊语言显得有点轻描淡写。不分场合地运用模糊语言，会给人留下不踏实的人格印象，有时甚至会激怒对方。所以模棱两可"打太极"的回答法，是上司为了特殊需要而采用的对下属的说话技巧，并不是自己为人处世的原则。不分时间、不分场合一味地模棱两可，遇到问题不对下属表达自己的意见，光打"太极拳"，就不是我们所提倡的了。

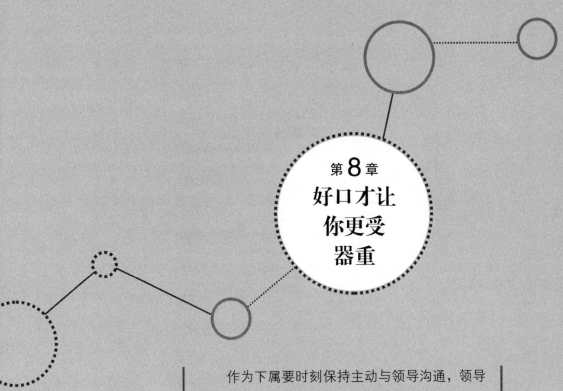

第8章
好口才让
你更受
器重

作为下属要时刻保持主动与领导沟通，领导工作往往比较繁忙，而无法面面俱到，保持主动与领导沟通的意识十分重要，不要只埋头于工作而忽视与上级的主动沟通，还要有效展示你的口才，让你得到上级的高度肯定，只有与领导保持有效的沟通，才能获得领导器重而得到更多的机会和空间。

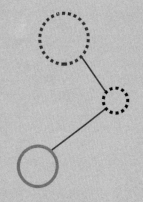

学会与上司沟通

以往，人与人之间传递信息的方式比较少，仅限于面对面的口头交流，或者远距离的书信往来。但现在人与人之间传递信息或沟通方式已经不单单是这些了，尤其是工作之所用的。比如，网络沟通有 MSN、QQ、E-mail，还有电话，短信，留言，传真，文字说明等等。这些传递信息的方式有一定的优越性，同时也有一定的弊端，那就是反馈有滞后性，不能得知对方是否及时地收到了相关的信息。无论使用以上何种方式，在工作上都必须确认其有效性和及时性。否则，可能会有你意想不到的坏处。

如果说有这么多传递信息的沟通方式都不能正确地利用，那么谁又会晋升你呢？

一家美资公司做行政主管的曹谦对此深有体会：公司要召开经理级会议，老板让她拟好会议日程和安排，然后下发到每位参会者手中。曹谦很快做完了这件事，并把提纲发到老板的私人信箱里。临近开会前两天，老板很不满意地问她为什么还没有看到她的计划，曹谦说三天前就传到您的邮箱了。老板说那几天他正好和客户谈合同，很忙，所以也没看电子邮件，于是提醒曹谦以后要注意，重要的事情应该再打个电话追问一下。后来，曹谦在给他的一份报告里又出了两处错误，就这样她给老板留下了粗心的印象。

"千万别假定自己所寄发的信或传真、邮件已被对方收到；更不能对书面传达的讯息不加以核对便交给收件人。"这是曹谦的教训。想要改变上司对她的看法，相信还需要一段时间。总之，曹谦近期恐怕不会得到提升了。

"和你的上司保持良好的沟通"永远是职场人必须熟记的生存守则。提职也好，加薪也罢，你的前途和命运有绝大部分握在上司的手里。所以，同上司的沟通是关系到升职计划能否成功的关键。既然有这么多种人与人之间沟通或传递信息的方式，我们充分加以利用，一定可以让上司更及时地看到你的工作成果，让上司更快速地了解你取得的成就。

1. 沟则通，不通则痛

之所以说与上司的"沟通"很重要，是因为通过沟通才能使你的上司了解你的工作作风、确认你的应变与决策能力、理解你的处境、知道你的工作计划、接受你的建议，这些反馈到他那里的资讯，让他能对你有个比较客观的评价，并成为你日后能否提升的考核依据。

职场上的竞争越来越不只体现在学历背景和工作能力上，"办公室情商"的高低眼下已成为困扰白领职场晋升的一大难题。有的说："经常都不知道自己哪句话说错了，领导的脸马上就阴了。"还有越来越多的白领抱怨，每天超过一半的工作时间都用在了"上上下下的沟通上"，几乎没有多余的时间来照顾自己的业余爱好。但有时候沟通得不好，好事反而变成坏事，本来十拿九稳的升职到头来鸡飞蛋打。

"一半的时间用来沟通"并不意味着你的沟通是有效的，要有效地沟通才能促进团队合作以及个人的职业发展。职业发展到一定阶段，白领的发展瓶颈就集结在人际沟通上。由于与上司或同事的沟通不畅，导致业绩不佳或人际关系紧张的事件非常多。

2. 学会沟通，与上司成为"好伙伴"

金子掉在灰堆里，未必能闪光。一个有能力的普通公司职员，要在高级写字楼的人群中脱颖而出，要在那么多表情相似的"精英分子"中独树一帜，让上司的目光能越过众人和高高的隔断板落在自己的身上，这不是简简单单的邀宠可以做到的。对事业上的可塑之材而言，这是迈向成功的第一步。

在我们的工作中，有许多过失或不完美都是源于对沟通技巧的掌握程度低。比如，由于对上司的指令没有及时反应，或不能迅速贯彻他的意图，从而让他记住你，这就会影响到你在他心目中的形象。假如老板说："这份合同利润太低，我们不做了。"你可能会因为前期投入较大的精力而对这种放弃的决策心存异议，甚至因为你没有及时通知你的下属终止这份合同，从而使一切按照你所原定的计划和步骤进行了，那么，在这种情况下，请想一想，如果你是老板，又会怎样看待这样的下属，你会对违背他命令的人委以重任吗？所以，如果你不能通过沟通让上司采纳你的建议，那就一定要把上司的决定在第一时间传达给有关人员并执行。经验告诉我们，良好的沟通秘诀是仔细地思考、计划和定期检讨，以期能建立良好的习惯，而良好的习惯是一个优秀的管理者必须具备的素质之一。

你和你的上司是"一根绳上的蚂蚱"，你们要想成功就得同舟共济。只有你们的工作关系富有成效，信息传递畅通，沟通有效，才能促你们双方都获益多多，领导才会更器重你、提拔你。

用得体的语言

与上司说话，不是难在有礼，而是难在得体。想在职场上出人头地，才干固然很重要，但懂得在关键时刻说得体的话，那也是成功与否的决定性因素。卓越的说话技巧，能避免麻烦事落到自己身上、处理棘手的事务等等，不仅能让你的工作生涯加倍轻松，更能让你名利双收。

大多数人对于上司都是非常尊重的，在对上司说话时，都是很讲文明礼貌的。可以说，做到这一点不论对哪一个人来说都是很容易的。但在上司面前说出的话是否得体，是否把握了分寸，是否恰到好处，这就不是任何人都能轻易做得到的了。

那么要想用得体的语言与上司进行良好的沟通，主要应该注意什么呢？

1. 不媚不俗，不卑不亢

与上司相处首先要做到有礼貌、谦逊，但是，绝不要采取"低三下四"的态度。绝大多数有见识的上司，对那种一味奉承、随声附和的人，是不会予以重视的。在保持独立人格的前提下，你应采取不卑不亢的态度。在必要的场合，你也不必害怕表示自己的不同观点，只要你是从工作出发，摆事实，讲道理，上司一般是会予以考虑的。

2. 主动和上司打招呼、交谈

作为下属，积极主动地与上司交谈，能够渐渐地消除彼此间可能存在的隔阂，并使得自己与上级关系相处得正常、融洽。当然，这与"巴结"上司不能相提并论，因为工作上的讨论与打招呼是不可缺少的，这不但能祛除对上司的恐惧感，而且也能使自己的人际关系圆满，工作顺利。

3. 尽量适应上司的语言习惯

应该了解上司的性格、爱好、语言习惯，如有些人性格爽快、干脆，有些人沉默寡言。有的上司有一种统治欲和控制欲，任何敢于侵犯其权威地位的行为都会受到报复，还有的上司会有一些与常人不同的习惯，你必须适应这一点。

4. 选择恰当的时机与上司交谈

上司一天到晚要考虑的问题很多，你应当根据自己问题的重要与否，选择适当时机与上司对话。假如你是为个人琐事，就不要在他正埋头处理事务时去打扰他。如果你不知上司何时有空，不妨先给他写张纸条，写上问题的要点，然后请求与他交谈，或写上你要求面谈的时间、地点，请他先约定，这样，上司便可以安排时间了。

5.对交谈内容事先做好充分准备

在谈话时，要尽量将自己所要说话的内容，简明扼要地向上司汇报。如果有些问题是需要请示的，自己心中应有两个以上的方案，而且能向上级分析各方案的利弊，这样有利于上司做决断。为此，事先应当周密准备，弄清每个细节，随时可以回答。如果上司同意某一方案，你应尽快将其整理成文字再呈上去，以免日后上司又改了主意，造成麻烦。

要先替上司考虑到问题的可行性。有些人明知客观上不存在解决问题的条件，却一定要去找上司，结果造成了不欢而散的结局。这是非常不可取的。

一般说来，人们在与自己同等级、同层次的人讲话时，表现比较正常，行为举止都会比较自然、大方；但是，在与比自己地位高的人交往时，就可能感到紧张，表现比较拘谨，并且自卑感强；相反，在与社会地位低于自己的人讲话时，就会表现得比较自如、自信，甚至比较放肆。

有的人在自己的上级面前从不敢"妄言"，在同一科室的也不多说话，可是在自己的下级或所管班组面前讲话时，则落落大方，侃侃而谈。有的则在一般人面前总是摆出一副能者的架势，可是一见到权威就显得十分驯服和虔诚。

由以上可见，与上级说话，要避免采用过分胆小、拘谨、谦恭、服从，甚至唯唯诺诺的态度讲话，改变诚惶诚恐的心理状态，而要活泼、大胆和自信；跟上级的说话，成功与否，不只影响上级对你的观感，有时甚至会影响你的工作和前途；跟上级说话，要尊重，要慎重，但不能一味附和。"抬轿子""吹喇叭"等等，只能有损自己的人格，得不到重视与尊敬，倒很可能引起上级的反感和轻视。

接受指示要爽快

和上司之间的关系如何取决于工作表现与情况沟通。工作表现平庸而又不善于沟通，想和上司建立起良好的关系是不可能的。当上司对工作有指示时，冷静、迅速地做出回答，会让上司直觉地认为你是名有效率、听话的好部属；相反，犹豫不决的态度只会惹得责任本就繁重的上司不快。所以，正确地接受上司的指示、命令是与上司建立起良好的人际关系，获得上司信任的基本条件。

1. 精神饱满，爽快利落

当我们被上司叫来接受指令时，爽快而精神饱满地回答"是！"是非常重要的。这一点说起来容易，但做起来难，很少有人能真正地做到这一点。

即使你自己正忙着工作，在上司叫你时，你也要迅速站起来回答："是！"这样一来，上司会觉得你工作很积极，非常爽快利落，从而对你产生信任感。

要知道，如果上司对你没有这种信任感，而是觉得把工作给你很不放心，那对你的前途极为不利。因为对你没有信任感也就不会器重你、提拔你。

2. 把指示和命令听完，不要轻易打断

上司在交待工作时已经事先想好了交待的顺序，如果你在上司交待过程中突然打断上司，提出自己的疑问，就很容易使上司忘记自己说到哪儿了。这时，上司不仅会感到尴尬，还会很生气。所以，在接受指示或命令时要先把上司的话听完，然后再提出疑问或提出自己的看法。这样做是非常有必要的。

3. 清楚地表示自己已经明白指令内容

上司会从你的表情、动作来判断你是否清楚、明白了上司的意图。所以，在上司交代工作时，你要用点头的动作或轻轻地发出"是"及别的能表示肯定的语气词来表示你已经清楚、明白了工作的内容。而当你不点头或没有任何表示时，上司也就会知道你这个地方不太懂，需要重新说明一下。

4. 如果无法接受，要恰当地说明原因

也许你经常会遇到自己正忙着一份工作，而上司又吩咐另外一份工作的情况。这时对上司的指示或命令就不一定能够接受了，或者说不能按照领导的要求完成工作任务。因为你正在忙着的工作需要在规定期限内完成，所以，如果你接了另一份工作，原来的工作就无法在规定时期内完成了，反而给自己和公司带来麻烦。

在这种时候，一定要明确地说出你不能接受的理由。不能只是简单地说："不行啊！"而应该先说声："实在对不起……"然后再具体地说明不能接受这个指示或命令的理由。

上司认为你能把这份工作做好，所以才把工作交给你的。你如果只是说："不行"的话，上司会很生气的。你要说："我正在忙着这项工作……"或"这项工作也很着急……"你把自己正在做的工作的内容具体说明一下，然后等候上司的指示，因为你自己是没有决定权利的。

上司在听完你的话之后会做出指示说："你现在做的工作以后再做也可以，先把这份文件处理一下。"或"你现在做的工作比这个重要，先把你手上的工作做完再做这个也行。"这时候你要听从上司的决定。

5. 别忘了委婉地阐述自己的意见

如果你对上司的指示或命令有自己的看法或有更好的办法时，坦率地阐述自己的意见很重要。但你也别忘记了，一定要注意说话的技巧。要委婉地提出自己的意见。如："经理，您的想法我能理解，但我认为这样做也许会更好一点。"

当然，能说出自己具体的建议和根据是最好的。对上司的指示能够说出自己独到的意见，这在某种程度上是工作能力的证明。如果是有的放矢的意见，上司应该会更高兴，也能够接受你的建议。

不管怎么样，在接受上司指示、命令时，作为下属的你，都要爽快地回答，不要让上司感到不满。

面对上司巧"进言"

面对来自上司的压力，总有一些话如鲠在喉，不吐不快。此时此刻，你将怎么做？

1. 兼并上司的立场

我们先来看一个例子：李先生是一家比较知名企业的总经理助理。他的顶头上司王总是搞学术、技术出身，由于工作重点长期落在研究开发领域，因此对企业管理依然一知半解，出于对技术的钟情与依恋，王总直接插手技术部门的事，把管理的层级体系搞得乱七八糟，其他部门虽然表面上敢怒不敢言，但私下里无不怨声载道，让李先生与其他部门沟通协调倍感吃力。

经过思考，李先生决定采用兼并策略。他对王总说"真正意义上的领导权威包含着技术权威和管理权威两个层面，王总的技术权威牢固树立，而管理权威则有些薄弱，亟待加强。"王总听后，若有所思。

李先生巧妙地兼并了王总的立场，结果获得了成功。后来，王总果然越来越多地把时间用在人事、推销、财务的管理上，企业的不稳定因素得到控制，公司运营进入了高速发展状态，李先生的各项工作也顺风顺水，渐入佳境。

从李先生的经历，我们可以得到很好的启发：兼并上司的立场，的确不失为向上司提意见的上等策略。首先，它没有排斥上司的观点，而是站在上司的立场上，最终是为了维护上司的权威，出发点是善意良性的；其次，这种策略是一种温和的方式，能够充分照顾上司的自尊，易于被上司接受，效率较高；另外，它需要很强的综合能力，需要很高的社会修养，并能够针对不同情况，不断提出有效率的兼并上司立场的意见，久而久之，自己个人的领导能力亦会迎风而上，甚至来一个飞速提升。

2. 将"意见"转化为"建议"

在适当的时候向你的上司提几点"建议"，它不仅包括了你所要提出的意见，而且指出了解决问题的方案。

注意以下几个问题，它们直接影响你建议的效果：

（1）选择适当的时机。这里主要照顾到你的上司的心情。请记住他也是个普通人，当公务缠身、诸事繁杂时，他未必有很好的耐心随时倾听你的建议——尽管它们极具建设性。

（2）关注对方，恰当举例。谈话时应密切注意对方的反应，通过他的表情及身体语言所传达的信息，迅速判断他是否接受了你的观点，并视需要而适当地举例说明，以增强说服力。

（3）态度诚恳，言语适度。注意说话的态度和敬语的运用，恰到好处地表达出你的意思，由于你的坦率和诚意，即使对方不完全赞同你的观点，也不会影响到他对你个人的看法。

3. 限用一分钟发表

上司一般来说都对长的意见感到不耐烦。如果你能在1分钟内说完你的意见，他就会觉得很愉快，而且如果觉得"有理"，也比较容易接受。反之，倘若他不赞同你的意见，你也不会浪费他太多的时间，他会为此感谢你。

4. 否定也是意见的附属品

向上司提意见，如果马上获得认可，事情就很简单。不过，一般不认可的情况比较多。毕竟提意见的对象是你的上司，是否接受你的意见他当然需要慎重考虑。

当意见被"我不赞成"或"这不合适"等驳回时，有些人往往心灰意冷。其实，因为一两次的意见被否决就责难上司，而放弃自己的努力与心力是一种非常愚蠢的做法。向上司提意见应该抱着"否定也是意见的附属品"的合理想法，要勇于碰壁。当然仅仅做到这一点还是不够的，还应该在你的意见的内容上、方式方法上下功夫。

首先在内容上，既然是提意见，就必须言之有据。不仅要把自己的意见表达出来，还要以大量的数据材料为依据，使意见站得住脚，否则一旦让上司问到了，就容易造成信口开河的负面影响。

其次，意见的内容没问题了，还要注意提意见的方式方法。向上司提意见本非坏事，但如果过于"热心"，会使自己"冲"过头，上司必定会认准你是个麻烦制造者，不会接受你的意见。此时，你切记不要过于自作主张而忽视了上司周遭的人际环境以及时间安排。

"企望往高处爬的人，应该踩着谦虚的梯子。"这是莎士比亚的名言。想要自己提出的意见得到上司的尊重和认可，最好把这句话牢记心头。

敢于进行口头承诺

任何一个上司，他都不希望自己的下属是一个窝囊废，而希望自己的下属是一个"响当当的汉子"。而这个"响当当"，首先就表现在口头表达之上。

常常见到这样的场面，一个上级在对自己的下属部署任务时，总习惯地说："大家对这任务有没有充分的认识啊？有没有充分的信心啊？能不能完成任务啊？"

"有！有！有！"回答当然是斩钉截铁般的响当当的声音。

其实此时的三个"有"字，简直什么都不能代表；甚至在回答"有"的一群人中，就有不少人对该任务并没有任何认识，也没有十足的信心去完成它，有些人在心中甚至在嘀咕："到底要怎样去完成这个任务呢？"

但是，此时如果某甲不是高声喊"有信心，"而是提出自己的真实疑惑，那就肯定要引起那个上级的反感了。他会在心里说："我费了九牛二虎之力把这件事说得明明白白，可他竟然一点没听懂，临了还提出来一大堆疑问，这样的人有什么用呢？"

但是这个上级可能根本就没有想到，这个某甲提出来的疑惑，却正代表着全体下属的共同心声，只不过其他的人都没有说出口来，而这个某甲说出来了而已。

这就说明一个问题，说明任何领导者都十分看重那一句"有信心"的口头承诺；其实这个口头承诺没有任何实际的内容。

孟尝君是著名的豪侠人士，他是战国时的齐国人，姓田名文，他的父亲田婴曾经就当过十多年的齐国丞相，田婴得封为靖郭君。靖郭君妻妾众多，光是儿子就有四十多个，田文不过是他的儿子之一罢了。田婴为相十余年，家里财富无数，但他并不重视招揽人才，于是作为儿子的田文开始劝说做相国的父亲田婴了。

田文问父田婴："儿子的儿子叫什么呀？"

田婴回答："叫孙子。"田文又问："孙子的孙子叫什么呀？"

田婴回答："叫玄孙。"

田文又问："玄孙的玄孙叫什么呀？"

田婴说："那我也不知道叫什么了。"

于是田文开始劝导父亲田婴说："父亲，你在齐国为相，已经经历了威王、宣王、泯王三代，但只见你的家财无比膨胀起来，却不见齐国更加强大富足，父亲你知道这是什么原因吗？"田婴认真想了一下，说："不知道，你说说是什么原因。"

田文说："父亲，这就是因为你没有尽量招揽人才的结果。父亲连玄孙的玄孙叫什么都不知道了，而国中的民众那可是比玄孙的玄孙更多得多的大众，你有足够的财富可以养活他们，招揽他们，他们之中就必定会有杰出的人才可以使齐国富强起来。可是父亲你并没有这样做，你家里有穿不尽的绫罗绸缎，社会上的许多贤达人士却连粗布短衣都穿不上；你家里奴仆婢妾有吃不尽的珍馐鱼肉，社会上的许多贤达人士却连填饱肚子的糟糠也不够。我真感到有些奇怪，父亲既然连'玄孙的玄孙'都不知道叫什么了，那你留传给他们那么多财富干什么呢？如果你将这些财富拿来养活天下众多贫寒人士，他们之中必定会有能使齐国富足起来的贤士能人。"

田婴仔细想了一下，觉得田文这话很对，但是反问他说："我养活那么多的人，又怎样去判断出谁是真正的人才，谁又不是呢？"

田文说："父亲，真要养人蓄士，就不管他是不是人才都要养起来。其实要判断出他们究竟是不是人才也很容易，那只看他们能不能完成某一件差事就行了。"

田婴说："你这不是只注重口头承诺吗？他们既然吃我的，用我的，自然什么都听从我的了，我叫他们去完成任何任务，他们都会回答能够完成，但谁知他们实际上能不能完成该项任务呢？"

田文说："父亲过虑了，任何人做出了口头承诺，他都会想方设法前去完成任务，这个想方设法的过程，就是挖掘每一个人潜在力量的过程，说不定就正是这样的'想方设法挖潜力'，什么困难任务都能真正完成。"

在这里，田文就充分肯定了"口头承诺"的极端重要性；并正确地指出，随着这"口头承诺"的提出，其背后必定是"想方设法挖潜力"的努力，这实际上就包含着"多想出智慧"的成功可能。无数的历史事实都充分地说明了这一点。

以后不久，田婴去世，儿子田文继任齐国丞相，得封孟尝君。孟尝君一当上丞相，马上就实现自己的诺言：大养食客三千，却从不要求他们做什么事；因为作为齐国的丞相，孟尝君本来就没有任何事要他们去做。

其实，孟尝君做事非常仔细。他在接见任何客人之时，都派人在屏风后面暗暗作了记录，对他家住哪里，家里还有哪些亲戚朋友，有些什么特长本领，以及有些什么实际困难，都做了详尽的记载。等客人告辞之后，孟尝君会派人到他家里去嘘寒问暖，慰问留赠，使那客人倍感温馨。是食客，孟尝君则记下了他们的本领特长，以备不时之需。

战国时代群雄并立，各自争雄。秦昭王听说了齐国的丞相孟尝君很能干，便说要召见他。齐泯王是孟尝君的国王，就派孟尝君出使秦国。孟尝君到秦国去了，身边就带了一大群食客。

孟尝君来到秦国后，秦昭王马上任命他为丞相。有人劝诫秦昭王说："这太危险了，孟尝君是齐国人，他又是齐国的丞相，你又任命他为秦国的丞相，那他还不会先齐后秦，反而变做齐国派来我秦国的最大间谍了吗？"于是秦昭王将孟尝君关了起来，说是要杀了他，以绝后患。

孟尝君不慌不忙，问随身而来的食客说："我的命已危在旦夕了，你们谁有本事救我出去啊？"人人都回答说："我可以救相国出秦，回齐国去。"

这便是众口一词的"口头承诺"，随着这口头承诺的提出，食客们个个在想主意。果然是"多想出智慧，"于是有人想到派幸姬去向秦昭王求情。

幸姬是秦昭王最宠爱的姬妃，她去求情肯定奏效。于是孟尝君便派食客前去请幸姬出面求情。可是幸姬说："要我去向大王求情可以，但我必先得到那一件狐白裘。"狐白裘就是用狐狸那半圈白颈皮做成的全白大衣，是举世罕见的珍宝。孟尝君原先就有这样一件狐白裘，可是已经当成礼品送给秦昭王了，如今幸姬提出再要狐白裘，孟尝君当然拿不出来了。

孟尝君食客之中有个惯盗，名叫梁钧，绰号"梁上君子"，他一听就说："这看我的了。"于是施展出惯盗的本领，很轻易地就把献给秦昭王的那一件狐白裘盗了出来，再送给幸姬。幸姬向秦昭王一求情，秦昭王果然就把孟尝君从牢里放了出来。孟尝君不敢怠慢，连夜改名换姓逃走，生怕秦昭王一后悔又要杀了自己。

孟尝君率同食客从秦国首都咸阳逃到函谷关时，正值夜半，出不了关，脱不了危险。函谷关守关向来就有定制，非到雄鸡报晓，不得开关放人，如今正在半夜，怎么打开关门出去呢？孟尝君又问："众位有什么办法打开城门出关呢？"当然又是众口一词地说："一定能想出办法让相国出城！"

坚定的"口头承诺"之下，人人都在想办想。食客中有一个善口技的人，名叫万和，绰号"万叫和"，是说他学什么叫就是什么叫，能引起同类万众齐鸣。当下万和就说："我先试试。"于是就学起鸡叫来。

万和学鸡叫学得一无二样，于是引发了整个函谷关遍处鸡鸣，仿佛就要天明了一般。守关的人员以为真的鸡鸣报晓了，便将函谷关城门打开，孟尝君带同食客出关逃逸，终得成功。

秦昭王释放了孟尝君之后果然后悔了，派了人来追杀孟尝君。可是追到函谷关时，孟尝君已经赚开城门逃走了。

　　这个"狗盗鸡鸣"的历史故事几乎尽人皆知，但是并不是人人都知道这是"口头承诺"的重要性的历史明证。事实上，一个人坚强的"口头承诺"往往就是事情成功的开始，因为坚强的"口头承诺"是一种高度自信的表现，有了这种高度自信，才会"多想出智慧"，创造出多种多样的奇迹来。

　　举世闻名的法国皇帝拿破仑有一句至理名言，说："在我的字典中没有'不可能'的字眼。"这便是有"高度自信"的豪言壮语，所以当拿破仑遇到任何艰难困苦时，他总是首先就响亮地喊出"我能解决"的明确口号，这口号实际上就是对自己的"口头承诺"。然后，他才会想尽一切方法去战胜艰难困苦，最后他也确实获得了最大的成功。

　　美国有一个名叫乔依·吉拉德的人，他是一个吉尼斯世界纪录的创造者，他所创造的吉尼斯世界纪录，竟然是每天推销零售汽车四五部之多，这简直匪夷所思。可是谁能想到，他曾经是个对推销汽车一窍不通的人呢。当初他去应聘汽车的零售推销员，主管推销的经理问他："你推销过汽车吗？"

　　乔依·吉拉德说："我没有推销过汽车，但我自信能成功地推销自己，能推销自己的人一定也能成功地推销汽车。"

　　听！这是多么强有力的"口头承诺"。主管经理一听他这么有信心，便答应他先试试工。乔依·吉拉德十分看重这个职业，千方百计去推销汽车。后来他果然成功了，最后并成了吉尼斯世界推销纪录的创造者。

　　所以说，"口头承诺"是一种十分重要的表达方式，由它传递你的"高度自信心"；由它牵动你"多想出智慧"，千方百计去完成这种承诺，也就有可能挖掘出潜力来，创造一个崭新的奇迹。

　　当领导遇到问题或困难的时候，作下属的你能站出来掷地有声地回答他说："交给我吧，我来解决！"那么领导定会对你久久不忘，以后有什么重大任务或重要岗位，不想着你还能想着谁呢？因为掷地有声的口头承诺，本来就是有责任心的表现，只有具有超强责任心的人才敢于这么坚定地做出口头承诺。当然，你这一掷地有声的回答也是有风险的，那就要看你对问题的把握了，如果这个问题或困难是远远超出你的能力之上的，那么你也要给领导一个肯定的答复，告诉他你无法完成。

要勇于提出要求

与上司交流是一门学问，要摆正心态，更要学会技巧。

首先要明确：不管受到了怎样不公正的待遇，你的上司如何不讲理，一定要勇于提出要求！如果隐忍不发，没有人知道你心中所想，任何利益都是自己争取来的，不是你给我什么我就必须接受什么。

谈的时候，最重要的是自信！当然，这一点基于你提出的要求必须是合理的。

一定要认清这一点：你的上司也是普通人，他的任务更重，也要面对来自他的上司、其他部门等方方面面的压力。对绝大多数上司而言，他最大的愿望是更好更快地完成任务，而不是从一上任就想刁难谁。

如果你觉得他对你不够公正，首先要冷静几分钟，想一想"他为什么这样做？"如果你过于情绪化，或者向来对上司有成见，可能会和他大吵一架，而这样只会使情况更糟。要始终坚持"对事不对人"，了解他的真实想法，顺应他的思路，冷静、客观地提出要求。

提要求在方式上要心平气和。如果是待遇问题，要列举你付出的劳动，所得到的回报，并举出别人待遇合理的例子，请上司告诉你其中原因。如果沟通无效，可以直接去找他的上司。通常上司们都不愿接受一般员工的越层报告，"大老板"会信任他选中的中层管理者。但是，当你觉得问题得不到解决，还是要勇于改变状况，对顶头上司说"不"！切忌私下议论或传播对上司的不满。如果部门同事对上司有一致意见，可以联名致信"大老板"。私下议论于事无补，而且导致低效率，而且向外传播简直就是自毁形象。

当然，在职场中也有一段时间需要忍耐，那就是最初你与上司刚刚开始合作时。这是一个相互取得信任的过程，你要努力证明自己的实力，对小的不愉快要忍耐。你不妨经常和上司做一些小沟通，汇报工作进展，请教如何改进。你可以这么问："你能给我一些建议吗？""我这一阵总是不能做到完美……"

实际上，你的上司在这个职位上也并不总是称心如意。他可能很难与员工有真正的沟通，也不易获得友谊，正所谓"高处不胜寒"。有个员工以前总认为他的老板很挑剔，两人合作不愉快。一次郊游，他无意中对老板说："您最近做的一次策划挺棒的。"老板很吃惊，顿有知音之感，随即两人谈起了更多工作计划，关系渐缓。有时候，老板也会常感孤独，也需要赞扬。

当然，作为上司，要摆正自己的位置，官威十足的上司是最讨厌的。缔造松下王国的松下幸之助有一句名言："管理的定义很简单，过去、现在、未来都是沟通。"据调查，70%的优秀经理人的主要工作时间用于沟通。

现代企业倡导这样的上下级理念：密切合作，相互支持，没有森严的等级观念。现代社会崇尚团队精神，因为没有人能靠单打独斗取得成功。

上司一定要相信：没有一个下属愿意跟你作对。员工有勇气提出意见是很不容易的，而你能听到反馈是幸运的。听到不同意见，首先考虑：这对部门和企业利益有什么影响，对实现最终目标有什么影响。

鼓励每个人说真心话，应当是企业文化中的重要组成部分。上司应设身处地从员工的角度考虑问题，"把脚放进别人的鞋子里"。如果员工抱怨待遇不好、天天加班，你就要考虑工作是不是过量，他是不是期待更高的回报？你不一定答应员工的所有要求，但一定要解释原因。作为上司，还要谨防陷入这样的误区：我必须是正确无误的；如果情况不改变就是我的无能；所有的技术我都要精通。过于追求完美，你可能会变得苛刻、固执、自以为是。

巧言"诉苦"得轻松

作为领导可能会把更多的精力放在对公司的整体把握上，对于公司里员工个人都具体做什么也只是有个大概的把握，真正的手头上有多少工作要完成可能并不是很清楚。分工不均，责任不明也是常有的事。但是由于领导要忙的重大事务繁多，这些都是可以理解的，也是情有可原的。那么，对领导作出的工作安排和指示，作为下属的你，也应该是理所当然地服从。但实际情况往往是复杂的，并不能一概而论。有些时候，从领导的角度看，他的安排自有道理；可从你的角度看，就可能暗含"隐情"，内蕴"苦衷"了。对此，如果你一味遵从，强加支撑，结果就可能于你于领导于事情本身都不好。其实，你不妨向领导申说一下自己的"苦衷"，以期达到提醒领导重新考虑或调整工作安排的目的。那么，如何才能巧妙申说呢？

1. 选择合适时机

领导一旦作出工作安排和指示，为了工作的开展，还有维护其权威性，一般是不能轻易更改的，因为这常常是他们深思熟虑的结果。所以，你的申述就应注重一次性效果，要力争一次申说成功。如果不能一次说服他，打动他，他的态度就会由此而变得更为坚定和明确，可能再也不会有耐心与闲心来听你二次申说。

热恋中的小凌与小华，由于天各一方，只能用双休日来互诉衷肠。可小凌所在的单位的领导出于对小凌的信任，给他的任务一个接一个，渐渐地，小凌的双休日也被挤成工作日了。本来，在领导眼里，青年人求上进，多做事多锻炼，是对他的培养与爱护。可小凌却有苦难言了。后来，因其工作出色，他受到了上级主管部门的表彰。领导很高兴，特地把他找到办公室当面夸奖一番。小凌抓住时机，道出了"苦衷"。结果领导大为感动，欣然"还给"了小凌的双休日。

由此可见，选择一个合适的时机诉苦是非常重要和关键的。

2. 用语要中肯

不管你的"苦衷"有多大，也不能贸然闯进领导办公室，对领导指手画脚，语言唐突、莽撞。这样的申说，领导只会认为你是在有意推诿，或认为你故意挑事。正确的做法是：平心静气，语言中肯。这样才会显出对领导的尊重，领导才不会感到"压力"，才可能愉快地听你慢慢道来。

元旦快到了，单位准备排演《梁山伯与祝英台》，领导找来小田和小雷，指定两人担当剧中主角。他俩是单位的文艺骨干，这种安排当然是最合适的。但这之中却有个内情：小田与小雷曾作为恋人接触过，只是没有公开。为表明真诚，小田把这全都告诉给了新婚妻子。谁知娇妻小心眼，不但不领情，还同他闹起了别扭，并警告小田不准同小雷接触。可这话在领导面前实在不好开口。斟酌再三，小田还是找到领导。领导正为节目安排忙碌着，小田一边帮忙，一边搭话。见领导很高兴，小田便乘机进入正题："您知道，我最喜欢搞文艺了。您这么信任我，真让我感激。但夫妻戏，我与小雷演不合适。就留她吧！如果留我，您就另配女主角好吗？我与小雷合作也成，那您得另选别的性质的戏。"

小田的话说得非常诚恳，领导悟出其中的山山水水之后，愉快地作出了调整。

3. 善于揭示事理

领导未能明辨细情、深察你的苦衷，并不能怪怨于他。因为事情的复杂、微妙是任何人也无法深刻准确把握的。你的苦衷要取得领导的信服并真诚改变，你也要善于进行说理，通过巧妙的方式揭示事理，以期领导能反省自察，最终认识到自己的决定和指令的欠周严性。你要深信：领导多半是十分开明的，只要能觉察出自己身上确实出了问题，总能正确对待。

小徐是单位业务骨干。刚忙完一项费时费力的工作，感觉人困马乏，领导就又安排小徐写一篇人物宣传材料。小徐不久前作过一个脂肪瘤切除手术，经过这些天的劳顿，实在没有力气再爬山涉水搞采访了。何况搞文字材料小徐并不是最精通，事事通揽是不适宜的。小徐找了一个机会对领导申说"苦衷"。他先从马太效应的心理学现象谈起，表面是闲话，实则暗示领导不要一味看重自己，也应充分重视其他员工的能力。同时又用点示的方法说明自己有病在身，也需要调养的实情。小徐的话说得合情在理，同时又巧妙委婉，说理翔透，充满真诚，领导听后，觉得小徐的"苦衷"确实是由于自己的思考不周造成的，便愉快地接受了小徐的意见，改变了工作安排。

4. 推导可能结局

领导一般都比较自信，做事果断。所以，你的申说如果仅仅围绕目前的现象、实情，有时就不能促发他的同感。有的领导可能还会认为你不理解他的"苦衷"，甚至产生误解，认为你是有意逃避责任。怎样让他充分重视并理解你的"苦衷"呢？在必要的时候，对这样的领导，你可采用推导可能结局的方式，从领导的决定和安排出发，合乎逻辑地推导出可能产生的结果，从而引起领导的内心共鸣与震撼，达到申说的目的。

小常受聘于一家私立学校，由于宣传到位，学校创办伊始就有很好的生源，一时间授课的教师竟显得人手不够了。但领导的态度却是"宁缺毋滥"，决定用现有教师力量，给教师们压担子、增课时，并承诺按工作量增加工资。但小常却有苦衷：他是一个特别看重自己名声、有高度责任感的教师，超负荷工作，使教师身心疲惫，影响教学质量，对自己的名誉和学校的发展都不利。他决定向领导申说一下自己的想法。他从关心学校前途命运的角度，指出好教师与精益求精的密切关系，推导出依领导的决定发展下去，教学难免出现敷衍塞责的尴尬局面。这正是领导所关心的。他的申说自然引起了领导的高度重视。

收起锋芒，摆正位置

在工作中，难免会碰到一些水平与能力都一般的上司，他们也许是因为机遇等原因成为你的上司，而在工作中却逊色于你。这个时候，你该怎么办呢？因为自己比上司水平高而小瞧他？还是故作无能来巴结他？其实，归根结底，还是一个度的问题。

1. 收起你的锋芒

苏强是一位工作经验丰富的员工，却因为太要强，一直不能升职。

苏强应聘到公司任职不久，部门经理就对他说："老弟，我随时准备交班。"说心里话，当时苏强也是这么想的，因为经理是自学成才的，知识和修养存在先天不足。而苏强大学毕业后在外资企业已经有五年的工作经验，独立有主见，工作能力强。由于个性率真，在讨论一些工作问题时，他向来直来直去，为此他常与上司发生争执。虽然经理有时对他也有一定的暗示，但他却不以为意。久而久之，经理便渐渐疏远了他，让他渐渐地失去施展才华的舞台。

苏强的问题就出在锋芒毕露上。虽然苏强的能力确实超过他上司，但他不知道上司毕竟是领导。在领导眼里，下属永远比他差一截他才会有成就感。你的能力比上司强，他本来就坐立不安了，如果明目张胆地与他对着干，哪怕你是无心的，上司也忍不住会对你施加压力。

所以，面对这种情况，一定要收敛起自己的锋芒，以消除上司的戒心。比如在业务会上，对自己的远见卓识有意打点埋伏，留下空间给上司作总结。当然，在平时要经常向上司请求汇报，不擅自做主，特别是一些决策性的工作，都要等上司表态。

2. 不在其位，不谋其政

在职场中，每个人的职务分工各有不同，施展才能的同时，千万要注意不要逾越自己的位置。

25岁的张梦身高一米七,不仅长得俊俏,还能讲一口流利的英语,在跟外商谈判中,她时常露脸,同事对她都赞许有加。相比之下,她的顶头上司——部门经理陈玲比她逊色许多。张梦刚进公司的时候,经理对她很亲切,但在一次跟外商谈业务的会议上,张梦出尽了风头,得意地用英语跟外商海阔天空地交谈并频频举杯,充分显示出高贵与美丽,竟把上司陈玲冷落到一边了。过后不久,张梦就被调到另外一个不太重要的部门。

面对不如自己的上司,张梦自己犯了职场忌讳——越位。在公众场合喧宾夺主,旁若无人地与上司抢风头,使上司陷入尴尬的处境,上司当然不愿意把这样犯上的下属留在手下,势必给她小鞋穿。

所以,当遇到这种情况的时候,要留一半清醒留一半醉。谦虚和谨慎自然会博得上司的信任和赏识。具体的做法是:与上司一起走路时,要走在他后面;与客户谈生意时,应在适当的时候为上司"补台",比如一个关键数字上司忘记了,在上司停顿的瞬间及时地提"台词"。说不准哪一天,他会极力推荐你任另外一个部门的经理呢。

3. 找上司的闪光点

看不到上司的优点,太恃才傲物的人,在职场中很容易就会栽跟着头。

宋强刚工作那会儿,为了表现自己能胜任财务工作,在各种场合都会找机会表现自己。而他的顶头上司在某些方面的确不如他,为此,同事们在私下谈论的时候就会对上司说三道四。世上没有不透风的墙,上司知道后当然也不示弱，在一次例会上，上司直截了当地说："搞财务工作的人要求冷静、细致，但有的同志在工作上却很浮躁，这样对我们的工作极为不利，小心摔跟头。"这威胁的潜台词令人不寒而栗，同事们虽然嘴里不说什么，但心里说什么也不服气。

太介意上司的不足，在没有全面认识上司的情况下，妄自对上司说三道四，显出不服管教的态度，这让上司的威信受到了威胁。如果你不重视上司，上司自然也不会重视你。

所以，不要老把眼光盯在上司不足的方面，应该去尝试找老板的闪光点，因为职场比拼的是综合素质，而不是专能。俗话说，尺有所短，寸有所长。或许上司在很多方面不如你，但毕竟也只是在某些方面而已。你一技之长胜过他，可他的综合素质也比你强。只要你留心上司的优点，并经常把他对公司的决策思路与你自己的思路相比较，你会从中找出你自己的差距。

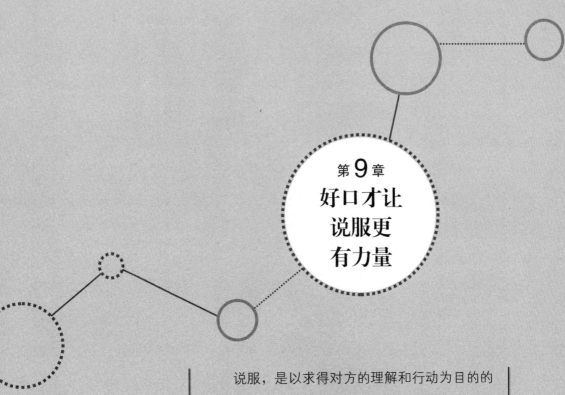

第9章
好口才让
说服更
有力量

说服，是以求得对方的理解和行动为目的的谈话活动。说服的最大特征就是在于引起对方的关注。如果把单方面的想法强加在他人的头上，说服就不可能获得成功。就是说，说服的关键，在于帮助对方产生自发的意志，因此，说服需要有很好的口才。

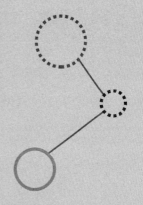

找到说服的最佳突破点

"说服"是生活中常见的一种现象。我们日常需要说服的对象有很多,他可能是你的父母、你的上司、你的顾客、你的朋友、你应聘的主考官等等。而"一千个读者心中有一千个哈姆莱特。"一方面说明莎氏戏剧中哈姆莱特这个艺术形象的复杂性,另一方面也说明人和人之间的巨大不同。因此,说服自古以来都在人们的交往中发挥着重要的作用,孔子周游列国说之于礼,苏秦张仪连横合纵于七国之间,留下了许多千古佳话。

时代进入 21 世纪,说服更成为我们建立和谐人际关系的关键。说服是一门艺术,更是一个人综合素质的具体体现,而在日常生活中要想因某事而说服某人,就必须掌握一些说服的技巧和方法,以提高说服的效率。俗话说,"知己知彼,百战百胜",要想在最短的时间内寻找到说服别人的最佳突破点,可以试着从以下几种方法着手。

1. 了解对方的性格

不同性格的人,接受他人意见的方式和敏感程度是不一样的。要判断对方是性格急躁的人,还是性格稳重的人;是自负又胸无点墨的人,还是有真才实学又很谦虚的人。了解了对方的性格,就可以按照他的性格特征,有针对性地说服。

2. 了解对方的长处

一个人的长处要看他最熟悉、最了解、最易理解的领域。如有人对部队生活比较熟悉,有人对农村生活比较熟悉,有人擅长文艺,有人擅长体育,有人擅长交际,有人擅长计算等。

在说服人的时候，要从对方的长处入手。第一，能和他谈到一起去；第二，在他所擅长的领域里，谈论起来他容易理解，因此容易说服他；第三，能将他的长处作为说服他的一个有利条件，如对一个伶牙俐齿、善于交际的人，在分配他做推销工作时可以说："你在这方面比别人具有难得的才能，这是发挥你潜在能力的一个最好机会。"这样谈既有理有据，又能表现领导者对他的信任，还能引起他对新工作的兴趣。

3. 了解对方的兴趣

有人喜欢绘画，有人喜欢音乐，有人喜欢读书，还有人喜欢下棋、养鸟、集邮、书法、写作等，人人都喜欢从事和谈论其最感兴趣的事物。从这里入手，打开他的"话匣子"，再对他进行说服，便较容易达到说服的目的。

4. 了解对方的想法

一个人坚持一种想法，绝不是偶然的，他必定有自己的理由，但如果这不是他想要坚持的，只是不愿承认，难以启齿。如果说服者能真正了解他的"苦衷"，就能有针对性地加以解决。

5. 了解对方的情绪

一般来说，影响对方情绪的因素有以下方面：一是谈话前对方因其他事所造成的心绪仍在起作用；二是谈话当时对方的注意力还未集中起来；三是对说服者的看法和态度。因此，说服者在开始说服之前，要设法了解他当时的情绪，这对说服的成败，是一个至关重要的环节。

凡此种种，你都要悉心研究，才能够有针对性地采取有效的说服方式。另外，了解对方是有许多学问的。许多人不能说服别人，就是因为他不仔细研究对方，不研究该用怎样的表达方式，就急忙下结论，还以为"一眼看穿了别人"。这就像粗心的医生，对病人病情不了解就开了药方，当然不会有好的效果。

说服他人必备的六要素

在现实生活中，我们常常需要说服别人，大到思想观念，小到生活琐事。作为领导者也常常需要对员工或下属说服教育，这样工作才能顺利进行。然而，成功地说服别人并不是件轻而易举的事，因为被说服人的思维惯性和既成偏见是相当顽固的。我们在进行说服时不必急于求成，但要时刻注意说服他人的六要素。

1.耐心说服，贵在坚持

如果你的观点是对的，一时无法说服人家，你很可能会犯过分心急的毛病。当然，如果人家听了你的说服的话，立刻点头叫好，改弦易辙，并称赞你"一言惊醒梦中人"，这自然是最妙不过的。实际上，这种情况并不多见。别人的看法、想法、做法，不是一天形成的。"冰冻三尺，非一日之寒"，因此，要对方改变看法也决非一日之功。况且，即使他当时表示了心悦诚服，你还是要让他回去好好考虑。因为积习难改，当面服了，回去细想可能还会出现反复。如果真是如此，千万不能指责对方是"当面一套，背后一套"。

正确的做法第一要耐心，第二要耐心，第三还是要耐心。

当你不能说服对方的时候，甚至被人抢白一顿后，不要生对方的气，更不能生自己的气。"算了，管这闲事干什么？"这种想法是不应该有的。

你要有长期做说服工作的准备。对于"成见"这座山，今天挖一个角，明天铲一块土。

逐步解释一些细节和要点，日积月累，"成见"就会渐渐消除了。

你还应当扩大你的阵线。有时候，别人不难被你说服，但他身后存在着庞大的力量，被人怂恿几句，思想又有波动。所以，你面对的可能不是一个人，而是一群人，鉴于此，你应当从各方面增加自己的力量。如你可以给对方介绍一些有益的书籍、看一部好电影，也可以找一些与你见解相同的人一起帮你做说服工作。通过这一系列的工作，不但从各侧面帮助对方，而且对你也是一个促进，因为你也从多侧面的工作中提高了自己。

说服与批评之间，既有相似相通之处，又有相异相悖之处。这是两个有部分外延交叉重叠的概念。

说服与批评，都有对人施加思想影响，从心理上征服人的意图。批评常辅以说服，批评离不开说服；说服有时也带有批评，但说服不一定都是批评。如推销产品时，一般都是向对方大讲好话，极少有批评顾客、买方的。被批评者，一般都有缺点、错误。批评的目的就是为了帮助对方改正。说服人接受你的主张，总要或多或少能给对方带来一定的精神上或物质上的好处。说服的过程，就是宣传这种好处，令对方信服。被说服者不一定有什么缺点、错误，他放弃的主张与接受你宣传的主张，不一定有正误之分，可能只有全面、完美的程度之别。

批评的态度较严肃或严厉，说话的语气也较重、较强硬；说服的态度较温和，说服的语气也较轻、较委婉。批评的话语，贬义词多于褒义词、否定词多于肯定词。说服的话语，褒贬皆可；根据说服的对象与内容的不同，有时褒多于贬，有时贬多于褒。如果进一步仔细分类，说服还可以再分为批评性说服与赞美性说服两类。接受批评，可能会属于自觉自愿，也可能多少带点勉强。接受说服，完全是自觉自愿，不带任何勉强。

民主空气浓厚，解决矛盾纠纷、统一思想认识时，说服多于批评，协商多于命令，其结果是人际关系和谐，人心团结向上，社交往来活跃。反之，则人际关系紧张，貌合神离，社交生活沉寂。虽然说服与批评皆不可少，但我们希望在一切社交场合，说服多一些，批评少一些。遇有矛盾分歧，尽可能多采用说服手段。

2. 让事实说话

当一种观念进入心底很长时间时，有时外人用话语的确难以改变它。此时，可用事实这种最有力的武器来说服他。

改变一个人对一件事的偏见，就要找到与他观念相悖的事实，自然而然地引进这个事实，并在时机成熟时阐述它，发挥它，使之真正成为你的有力论据。若要改变一个人对另一个人的偏见常常要难得多。但用同样的方法也可以做到，只不过需要更长的时间，更多的坚持，也即积累更多的事实。让事实说话，让说话的声音更有力。

3. 活用数据

我们生活在数字的世界里，每天所见、所闻与所思的一切，几乎没有不涉及数字的。因此，我们也许对数字或多或少地产生麻木或厌烦的感觉。其实，这样的感觉是很自然的，因为数字只是代表事实的一种符号，而非事实本身。在说服他人时运用数字，要留意下面两个要领。

首先，除非必要，否则不要随便提出数字。你抛出的数字过多，不但会令对方感到纳闷而关闭心扉，而且也会令听众觉得你没人情味，因为你所关心的只是冷漠的数字。

其次，要设法为枯燥的数字注入生命，这即是说，要让数字所代表的事实，能成为一般人生活经验中的一部分。只有这样，人们对数字才感到亲切，也才能产生兴趣。举例来说，下面的第一种数字陈述方式若能改为第二种陈述方式，则其影响力将显著加大。

A：“假如各位接纳我的提议，则公司每个月至少能节省 67453750 元的开支。"

B："假如各位接纳我的提议，则公司每个月至少能节省 67453750 元的开支。从另一个角度来说，倘若这项节省下来的开支，能以加薪的方式平均分配给公司的每一位成员，则每一个人每一个月的工资将增加 3500 元。"

4.要会揣摩

通过提问，可以引导被说服一方去发现问题症结所在，也可以引导他们提出解决问题的方案。因此，提问是相当重要的技巧。

伏尔泰说："判断一个人凭的是他的问题，而不是他的回答。"确实，问题提得好，乃是高明说客的一项标志。这类提问，有助于人们整理自己的思想和感受。

也正是通过提问，使得你对别人的需要、动机以及正在担心的事情，具有一种相当深入的了解，有了这样的答案，他人的心灵大门也就对你敞开了。要想有效地运用提问技巧，你还得注意以下 3 个重要事项：

清晰化——问题一般是针对对方的讲话而发的。事实上，这类提问的总意图不外是：我已听到你的话，但我想确证一下你的真实意思。以清晰化为目的的提问，是反馈的一种形式。它可以使说话人的意思变得更加明了。

将问题加以扩展——你提问题的目的就是想知道更多的信息，比如对方优先考虑的事情是什么。事实上，你这样提问题就等于告诉对方：我理解你的意思，但我想知道得更多些。

转移话题——有一类问题在转移话题时很有用。在你这样提问的时候，你实际上是在说：我对你这方面的想法已很清楚，让我们换个话题吧。通过这样的提问，你的航船就会转舵到更加顺水的方向上去。对方的回答使问题不断扩展下去，但扩展到一定程度，你就得用转向提问去改变话题。

你的见解要与他人的需要、愿望、目标相结合，要时时注意从别人那得到反馈，这样你就会成为一名强而有力的说客。

步步为营，稳中求胜

显然说服别人是需要一定技巧的，其中最重要的是依循一定的步骤。像行军打仗一样，步步为营，才能稳中求胜，也易形成排山倒海的气势。

1. 吸引对方的注意和兴趣

为了让对方同意自己的观点，务必要吸引劝说对方将注意力集中到自己设定的话题上。利用"这样的事，你觉得怎样？这对你来说，是绝对有用的……"之类的话转移他的注意力，让他愿意并且有兴趣往下听。

2. 明确表达自己的思想

明白、清楚的表达能力是成功说服的首要要素。对方能否轻轻松松倾听你的想法与计划，取决于你如何巧妙运用你的语言技巧。

准确、具体地说明你所想表达的话题。比如"如此一来不是就大有改善了吗？"之类的话，更进一步深入话题，好让对方能够充分理解。为了让你的描述更加生动，少不了要引用一些比喻、实例来加深听者的印象。适当引用比喻和实例能使人产生具体的印象；能让抽象晦涩的道理变得简单易懂；甚至使你的主题变成更明确或为人熟知的事物。如此一来，就能够顺利地让对方在脑海里产生鲜明的印象。

3. 动之以情

说服前只有准确地揣摩出对方的心理，才能够打动人心。通过你说服对方的内容，了解对方对此话题究竟是否喜好、是否满足，再顺势动之以情或诱之以利，告诉他"倘若照我说的去做，绝对省时省钱，美观大方，又有销路……"不断刺激他的欲望，直到他跃跃欲试为止。

一般而言，人的思维和行动都是由意识控制，即使他人和外界如何地建议或强迫，也不见得能使其改变。因此，想要以口才服人的人，必须意识到说服的主角不是自己而是对方。也就是说，说服的目的，是借对方之力为己服务，而非压倒对方，因此，一定要从感情深处征服对方。

4.提示具体做法

在前面的准备工作做好之后，就可以告诉对方该如何付诸行动了。你必须让对方明了他应该做什么、做到何种程度最好等。到了这一步，对方往往就会很痛快地按照你说的去做。

理由是说服人的关键

我们在说服别人的过程中最具说服力的方法，就是强调最大最关键的理由。

多年以前，拿破仑·希尔曾应邀向俄亥俄州立监狱的服刑人发表演说。他一站上讲台，立刻看到眼前的听众之中有一位是他在十年前就已认识的朋友——D先生，D先生此前是一位成功的商人。

拿破仑演讲完毕后，和D先生见了面，谈了谈，发现他因为伪造文书而被判20年徒刑。听完他的故事之后，拿破仑说："我要在60天之内，使你离开这里。"

D先生脸上露出苦笑，回答说："希尔，我很佩服你的精神，但对你的判断力却深感怀疑。你可知道，至少已有20位具有影响力的人士曾经运用他们所知的各种方法，想使我获得释放。但一直没有成功。这是办不到的事。"

　　大概就是因为他最后的那句话——"这是办不到的事"——向拿破仑提出了挑战，他决定向D先生证明，这是可以办得到的。

　　拿破仑回到纽约市，请求他的妻子收拾好行李，准备在哥伦布市——俄亥俄州立监狱所在地——停留一段时间。

　　拿破仑的脑海中有一项"明确的目标"，这项目标就是要把D先生弄出俄亥俄州立监狱。他从来不曾怀疑能否使D先生获释。他和妻子来到哥伦布市，买了一处高级住宅，像要永久住下去一样。

　　第二天，拿破仑前去拜访俄亥俄州州长，向他表明了此行的目的。

　　拿破仑是这样说的：

　　"州长先生，我这次是来请求你下令把D先生从俄亥俄州立监狱中释放出来。我有充分的理由，请求你释放他。我希望你立刻给他自由，为此我准备留在这儿，等待他获得释放，不管要等待多久。在服刑的期间，D先生已经在俄亥俄州立监狱中推出一套函授课程，你当然也知道这件事：他已经影响了俄亥俄州立监狱中2518名囚犯中的1728人，他们都参加了这个函授课程。他已经设法请求获得足够的教科书及课程资料，而使得这些囚犯能够跟得上功课。难得的是，他这样做并未花费州政府的一分钱。监狱的典狱长及管理员告诉我说，他一直很小心地遵守监狱的规定。当然了，一个能够影响1700多名囚犯努力学习的人，绝对不会是个坏家伙。我来此请求你释放D先生，因为我希望你能指派他担任一所监狱学校的校长，这将可使得美国其余监狱的16万名囚犯获得向善学习的良好机会。我准备担负起他出狱后的全部责任。这就是我的要求，但是，在您给我回答之前，我希望您知道，我并不是不明白，如果您将他释放，而且，您又决定竞选连任的话，这可能会使您失去很多选票。"

　　俄亥俄州州长维克·杜纳海先生紧握住拳头，宽广的下巴显示出坚定的毅力。他说："如果这就是你对 D 先生的请求，我将把他释放，即使这样做会使我损失 5000 张选票，也在所不惜……"

这项说服工作就此轻易完成了，而整个过程费时竟然不超过五分钟。

三天以后，州长签署了赦免状，D 先生走出监狱的大铁门，他再度恢复了自由之身。

拿破仑之所以能够成功地说服州长，和他的周密考虑和精心安排是分不开的。拿破仑事前了解到，D 先生在狱中的行为良好，为 1728 名囚犯提供了良好的服务。当他创办了世界上第一所监狱函授学校时，他同时也为自己打造了一把打开监狱大门的钥匙。既然如此，其他请求保释 D 先生的那些大人物，为何无法成功地使 D 先生获得释放呢？他们之所以失败，主要是因为他们请求州长的理由不充足。他们请求州长赦免 D 先生时，所用的理由是，他的父母是著名的大人物，或者是说他是大学毕业生，而且也不是什么坏人。他们未能提供给俄亥俄州州长充分的动机，使他能够觉得自己有充分的理由去签署赦免状。

拿破仑在见州长之前，先把所有的事实研究了一遍，并在想象中把自己当作是州长本人思考一遍，而且弄清楚了，如果自己真的是州长，什么样的说辞才最能打动州长。拿破仑是以全美国各监狱内的 16 万名男女囚犯的名义，请求释放 D 先生的。因为这些囚犯可以享受到 D 先生所创办的函授学校的利益。他绝口不提他有声名显赫的父母，也不提自己以前和他的友谊，更不提他是值得我们帮助的人。所有这些事情都可被用来作为请求保释他的理由，但和下面这个更大、更有意义的理由比较起来，就显得没有太大的意义了。这个更大、更有意义的理由是，他的获释将对另外的 16 万名囚犯有很大的帮助，因为他获释之后，将使这些囚犯享受到他所创办的这个函授学校的好处。

因此，拿破仑靠着这个最大最关键的理由获得了成功。

说服他人的注意事项

美国纽约大学演讲系教授阿尔文·C·巴斯和理查德·C·博登用了7年时间，亲自聆听了上千次的各种人之间的实际争论，通过研究，他们得出了有趣的结论：那些职业政治家、联合国的代表很少能说服对方，他们取胜的机会远远没有商店店员、公司职员多。政治家们总是力图击败对方，而职员及商店的店员则力图说服对方或让顾客转变自己的看法。这就是说，政治家们更多的是进行一场没有结局的争吵，而职员们通常是进行一种双赢的说服。那么说服他人应该注意哪些事项呢？

1. 说服语言要优雅

说话时若能运用恰当的词汇，并将声音的魅力显现出来，自然会让人想继续聆听。

优雅用词造句的要点包括：第一，说完整的词句，不要吞吞吐吐或欲言又止，"嘴里半句肚里半句"，否则会让人觉得不爽快，严重些还会让你沟通的对象对你的人格产生怀疑。第二，不说粗话。说粗话的情况并非仅存于中低劳动阶层，有许多学识深、地位高的"高级人士"也认为，当自己遇到稍微不顺心的事时，说一句二句粗话无伤大雅。其实不然，在公众场合说粗话对个人的形象伤害很大，更是一种听觉上的污染，给听者带来不快。第三，避免冗长无味或意思重复的言语，也不要采用流行语、口头禅作为开场白。第四，不要用"嗯""喔"等鼻子发出的声音来表达个人意见的同意与否。这些音调虽非粗话，却是懒惰的表现，会令谈话者有不受重视的感觉。但是使用优雅的词汇进行交流并不是鼓励使用那些极为拗口的书面语，甚至文言文，这样容易给人卖弄的感觉，也会给沟通造成障碍。还要注意不要在谈话中夹杂半生不熟的外语。

2. 说得多不如说得巧

明武宗时，秦藩请求加封陕边地，而此地战略上十分重要，与国家社稷的关系更是紧密相连，但是皇上受人撺掇，已经同意了，叫大学士们起草一个加封的诏书。梁文康承命起草了这份诏书，他巧妙地采用正话反说的方法表达了劝阻皇帝、改变封地的意见。

他写道："过去皇太祖曾诏令说：'这块土地不能封给藩王，不是吝啬，而是考虑到它的地广物丰，藩王得到后一定会多养士兵马匹，也一定会因富庶而变得骄纵。如果此时有奸人挑拨引诱，就会行为不轨，有害于国家。'现在藩王既然恳请得到这块土地，那么就加封吧。藩王得此地之后，不要在此收聚奸人，不要在此多养士兵马匹，不要听信坏人挑唆，图谋不轨，扰乱边境，危害国家。否则，那时想保全自己的妻子儿女都不可能了。请藩王在此事上慎之又慎，不要疏忽。"

皇上看到诏书很忧虑，觉得不把此地封给藩王为好。梁文康在这里运用了巧妙的说服战略，阻止了土地的滥封。

这个故事说明在说服的过程中，与其喋喋不休地进行劝说，不如通过巧妙的方法进行点拨。前者令人生厌，效果甚微；后者巧妙而简洁，收效也很显著。

3. 以商量的语气说服人

如果你要人家遵照你的意思去做事，应该用商量的口气。

在一个盛夏的中午，一群工人在休息，一位监工走上去把大家臭骂一顿，工人们害怕监工，当然立刻站起来去工作了。可是当监工一走，他们便又停手了。如果那位监工上前和颜悦色地说道："朋友，现在这些工作很要紧，我们忍耐一下来赶一赶好吗？我们早早赶好了，早早回去洗一个澡休息，怎么样？"如此，工人们当然会一声不响地忍着暑热去工作。

无论你的意见和对方意见的差距有多大，冲突有多厉害，我们都要表现出一切都可以商量的态度，并且相信，无论怎样艰难，大家都可以得到比较接近的看法。

4. 善于与他人达成一致

任何一个人在实现人生的各项愿望的过程中，都难免会遇到需要与他人合作的时候，这意味着你在一生中都要与他人沟通。而别人对你的协助意愿和配合程度，往往决定了你是否能顺利以及是否能加速达成目标。

好的沟通技巧及说服力，可让你处处遇贵人，时时有资源，别人做不到的事，你做得到，一般人要花五年才能达成的目标，你可能只需要两年。因为沟通及说服能力可让你建立良好的人际关系，获得更多的机会与资源，减少犯错的机会和摸索的时间，得到更多人的支持与协助。

设下"话套"套牢对方

打牌时，为了使对家给出对自己构成威胁的那张牌，会采用放分引诱的方法，其实也就是设一个圈套。在我们的生活中，这样技巧可以说随处可见。

老张10年没见的朋友来了，家里为了迎接贵客来访，忙得不亦乐乎，连出去买酒的时间都没有。老张只好叫来10岁的小儿子，让他去附近的小店买瓶茅台回来。酒买回来，老张发现原来是假货。于是让儿子拿着那瓶假酒跟着他去了小店。进店之后即让店主拿过一瓶茅台来。老张一边拿着茅台酒一边仔细地查看，并自言自语道："唉，这年头假茅台太多了！"店主马上抢过话头："你放心，我这里绝无假货！"老张接着慨叹道："哎呀，上次我在市中心的一家店也是买了一瓶茅台，店主还不是打包票说绝对不假，谁知一打开一看——才是2块钱一斤的高粱酒！"店主道："你去找他呀！"老张哭丧着脸说："已经过了好几天才开瓶发现的，他还会认帐吗？"店主惋惜地说："你当时发现就好了，看他还敢不认帐！"老张认真请教："要是当时发现了，他还是不认帐那怎么办？""找工商局去呀！人赃俱获，他能不怕吗？"

父亲见时机已到，向躲在一边的儿子一招手，将那瓶假酒放到店主面前，说："那好！刚刚从你这里买的假酒，你看怎么办吧？"店主一下傻了眼："啊……对……对不起，对不起！我退款，我退款！"

老张巧妙的问话实则就是设了一个个圈套，使黑心店主在不知不觉之中走了进来，为我所用，最后如愿退掉了假酒。

通过这个在日常生活中常见的简单例子，我们不难看出：巧设圈套确实是一条妙计，但同样也是有一定难度的。因为你必须全面地掌握对方的情况，摸清对方的底，根据对方的特点去设局，否则，偷鸡不成反蚀一把米，那就亏大了。

所以说，给对方设圈套，不仅是个小"工程"，而是个大"计谋"。另外，在设"圈套"的时候还需要注意几点：

1.适时出手

刚才我们提到，如果你对对方的情况还不了解，那自然谈不到设圈套的程度。另外，设一个圈套想要达到什么样的目的？能不能让对方跟着你的思路走？当时的氛围适不适合？这些都是需要考虑的问题。操之过急或行之迟缓，都不相宜。

2. 自然巧妙

既然想设圈套，那自然是要让对手按照自己的愿望去回答，去发展。所以，就要求这个圈套必须设得天衣无缝，自然挥成，毫无破绽。使对手在浑然不觉的情况下，跟着你的思路一步一步地向预定目标靠拢。就像开篇提到老张，正是因为他漫不经心的询问，才有了店主毫不设防的回答，最终取得退酒成功。

巧用"激将"好说服

俗话说："劝将不如激将。"所谓激将法，就是利用他人的自尊心和逆反心理积极的一面，从相反的角度，以"刺激"的方式寄予良好的愿望，以激起"不服输"情绪，使其产生一种奋发进取的"内驱力"，将自己的潜能发挥出来，从而得到不同寻常的说服效果。

运用激将法激励士气，引爆杀敌勇气的导火索，是将帅带兵打仗的一种艺术。激将法也是一种说服人常用的技巧。使用激将法，往往能够使被说服者感情冲动，从而去做一件他在平常情况下可能不会做的事；激将者还可以激起对手的愤怒感、羞耻感、自尊感、妒嫉感或者羡慕感等等，在这种情况下，处于激动之中的对象，是想不到怎样上了激将者的当的。

诸葛亮在选人用将方面，非常善于运用激将法，来激励将士杀敌作战的勇气和智谋。例如，在刘备夺取汉中的作战中，诸葛亮就曾连续两次使用激将法，调动老黄忠用智破敌的积极性，使这位年近七十年的老将军，在这次作战中立下了汗马功劳。

诸葛亮第一次激黄忠，是在曹军将领张郃率重兵攻打葭萌关时。守关将领抵挡不住，连忙向成都告急。演义中写道：

　　玄德闻知，请军师商议。孔明聚众将于堂上，问曰："今葭萌关紧急，必须阆中取翼德，方可退张郃也。"

　　法正曰："今翼德兵屯瓦口，镇守阆中，亦是紧要之地，不可取回。帐中诸将内选一人去破张郃。"

　　孔明笑曰："张郃乃魏之名将，非等闲可及。除非翼德，无人可当。"

　　忽一人厉声而曰："军师何轻视众人耶！吾虽不才，愿斩张郃首级，献于麾下。"

　　众视之，乃老将黄忠也。

　　孔明曰："汉升虽勇，怎奈年老，恐非张郃对手。"

　　忠听了，白发倒竖而言曰："某虽老，两臂尚开三石之弓，浑身还有千斤之力，岂不足敌张合匹夫耶！"

　　孔明曰："将军年近七十，如何不老？"

　　忠趋步下堂，取架上大刀，轮动如飞；壁上硬弓，连拽折两张。

　　孔明曰："将军要去，谁为副将？"

　　忠曰："老将严颜，可同我去。但有疏虞，先纳下这白头。"

　　玄德大喜，即时令严颜、黄忠去与张郃交战。

　　果然，老黄忠经诸葛亮这一"激"，精神抖擞，斗志昂扬，与老将严颜二人默契配合，把进攻葭萌关的曹军杀得大败，并一举夺取了曹操在汉中囤积粮草的战略要地——天荡山。

　　诸葛亮第二次激黄忠，是在老黄忠夺取天荡山后，奉玄德之命要去攻打定军山时；这时诸葛亮却说，定军山守将"夏侯渊非张合之比也"，他"深通韬略，善晓兵机"，只有荆州的关云长"方可敌之"。

黄忠听后奋然提出，这次攻打定军山"不用副将，只将本部三千人去，立斩夏侯渊首级"。

孔明又再三不容，但黄忠硬是要去。诸葛亮只好派法正作为监军随同前去。结果，老黄忠在法正的协助下，计斩夏侯渊，又乘胜夺取定军山。

这个小故事告诉我们，激将法既可用于敌，又可用于己。用于敌时，目的在于刺激敌方将军的神经，使其失去理智，采取鲁莽行动，从而受制于我。这种用法比较多见，一般是在我欲速战、敌欲持久时运用此招，来引诱对方在不利情况下与我交战。

激将法用于己时，目的则是要振奋将领、部下、士卒的杀敌激情。

克劳塞维茨说过，每个军人都具有强烈的荣誉感和英雄主义精神。而这种荣誉感和英雄主义精神一旦爆发出来，就会变成不可阻挡的力量。激将法正是冲撞这种激情之火的燧石，引爆杀敌勇气的导火索。运用激将法激励士气，是将帅带兵打仗的一种艺术。它要求在使用中，要针对将领的性格特点和所处的客观情况，灵活实施。

说服不等于争吵

在生活与工作中，人们不可能具有同样的想法。在推广新战略，引入新方法、新技术的工作空间中，种种不一致演变为激烈的辩论或冲突是在所难免的，我们不可能"天天碰到笑脸"，故而也不可能"天天都是好心情"。

我们在日常工作中，经常面对意见分歧，经常遇到与自己想法不同的人。怀有分歧、心存反对的人无非就是在方向选择和对利益的认识上有所不同。

尽管分歧乃至对立会使人们的关系变得紧张，但黄金准则在这时能帮上忙。就是，你希望别人如何对待一个持不同意见的你，你就应该如何去对待那些持不同意见的别人。

就此而言，当你不同意他人的观点和看法时，或面对那些与你存在分歧甚至对立的人时，站起来与他针锋相对地争论一番并非上策，而如果能巧妙地和颜悦色地运用说服力，相信定会是另一番风景，因为说服不同于争执、争论、争吵。具体来说，说服不是斗争性、对抗性的。在试图说服那些与自己意见不一致的人时，我们不是把他们当作对手或敌人，而是当作平等的伙伴，不是为了让他们言听计从，而是为了让他们接受那些对他们有益却因为种种原因还没能理解的东西。说服是一种和平的事业，即使争吵，取胜的一方也要和"失败"的一方和平相处。一旦考虑到这种"和平共处"的价值，在语言上战胜对方就绝非上策了。

不考虑对方利益且又盲目地投入争论的人，会被一种焦躁心理所控制，大有一种过了今天不管明天的偏激心态，但明天总会到来，但那时又该如何呢？

美国科学家、政治家本杰明·富兰克林在他还是涉世不深的青年时，有个关心他的人对他说："本杰明，你真是无可救药。对意见与你相左的人，你总是粗鲁地加以侮辱，致使他们也不得不尽力反击。你的朋友认为，若是你不在他们身旁，他们会更快乐自在。你懂得太多，所以他们觉得自己没有什么话可以对你说。"这一番话对富兰克林起了警醒的作用，他在自传中写道："从此之后，我立下规则，我不再直接反对并伤害别人，也不过于伸张自己的意见。假如有人提出某种主张，而我认为是错的，我不再粗鲁地与他们争辩。相反地，我先找出一些特定的事例，证明对方可能也是对的，只是在目前状况下，这些看法'似乎'有些不妥。"结果，富兰克林发现情况有奇迹般的转变："经过这样的改变后，我发现受益颇多。和别人交谈，气氛显得愉快了，由于采取一种谦和的态度，别人在接受我的意见时也不会发生争论；如果我是错的，则不会有人攻击我而使我受辱；而在'我对，别人错'的状况下，则更容易说服对方转而同意我的看法。"富兰克林由此走上了一条成功之路，使他的智慧为越来越多的人所承认。他的思想也影响了他生前及逝后的几代美国人，他也成为一代历史伟人。

　　说服，或真正的说服力就是形成被说服者的内在服从效应。它与借助权力的威胁不同之处在于，说服者认为他与被说服者是平等的，被说服者有具有某种观点、看法、态度及采取某种行为方式的自由。与交换、魅力所形成的确认式服从不同，在形成内在式服从的过程中，说服者也许根本就没有什么魅力或利益上的吸引力，被说服者之所以服从并不是因为说服者的缘故，说服者提供的信息才真正具有价值，起到修正或者改变被说服者的感知方式、理解及解释方式的作用，从而使内在化服从者最终对身边的事物采取了一种新的反应及行为方式。

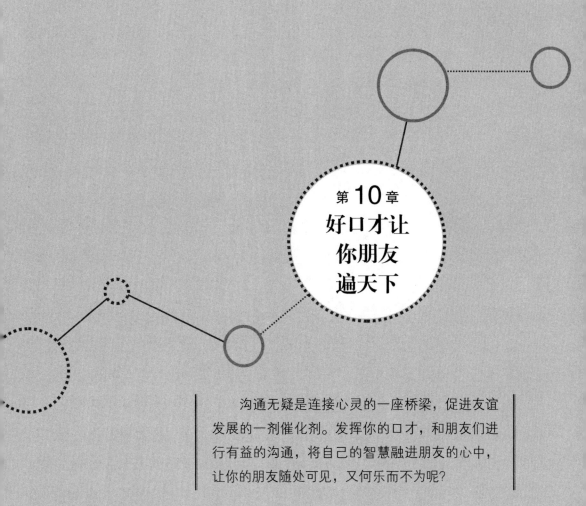

第10章
好口才让
你朋友
遍天下

沟通无疑是连接心灵的一座桥梁，促进友谊发展的一剂催化剂。发挥你的口才，和朋友们进行有益的沟通，将自己的智慧融进朋友的心中，让你的朋友随处可见，又何乐而不为呢？

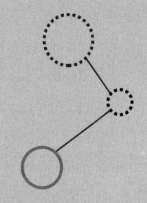

获得友谊的秘密

在漫长的人生旅程中，人要与周围环境中的各种事物打交道。但是，在所有的生活经历中，最耐人寻味的还是人与人之间的关系，而其中最广泛的关系要数朋友关系了。人生在世，离不开朋友，少不了朋友间的友谊。哲学家培根曾说过："得不到友谊的人将是终生可怜的孤独者"。因为多一个朋友，等于增加了一种信息源，多了一个保护层，多了一条生活之路、事业之路，快乐之路。

爱因斯坦因提出相对论而成为举世闻名的科学家。为了科学研究，他的爱好只保留了两项：一个是散步，一个就是拉小提琴。每当拉小提琴时，爱因斯坦都会在小提琴悠扬的旋律中如痴如醉。

有一天，当爱因斯坦又在拉小提琴的时候，突然听到了一个声音："先生，有一个音是不是拉得太高了？"说这话的是每周一次来爱因斯坦家帮助修剪草坪的园艺工。他长相粗鄙，一看就知道是个缺乏文化素养的劳动者，天知道他怎么能通晓音乐的。

爱因斯坦这阵子也老觉着拉的小提琴走调儿。他闻声停了下来，饶有兴致地向园艺工讨教起来。

过了一个星期，又到了园艺工上门的时间，他如约向爱因斯坦家走去，却见爱因斯坦笑眯眯地恭候在门口了。"你再听听我拉的小提琴怎样了？"爱因斯坦说完就操起了琴弓。

听完演奏，园艺工又认真地提了些意见。爱因斯坦像个小学生似的边点头，边思考。

园艺工人突然意识到了什么。"爱因斯坦先生，我对音乐并非全懂呀！您对拉小提琴如此喜欢，去请一位专家来指导不是更好吗？"园艺工不好意思再当科学家的老师了。

"不，"爱因斯坦连连摇头，"我找过他们，可他们总是夸奖我……"两人就这样成为朋友了。有一次，美国总统打电话来，要拜会爱因斯坦先生。"我另有约会，请改日再来吧。"爱因斯坦说的这个约会时间，其实就是那位园艺工人来修剪草坪的工作时间。

对爱因斯坦这样的伟人，我们常常觉得无缘走近。上面这段佳话证明我们错了。

不平凡的伟大人物也珍视友谊，他们的朋友却不一定伟大。换句话说，友谊可以跨越任何距离，凡人和大人物之间也有缘分。

两人朝夕相处，未必是真朋友；在社交场合同进同出，把酒换盏，也未必就有真正的友谊。友谊是心灵的契约和共鸣，真朋友之间彼此就要敞开坦诚的心灵，去聆听心语的呢喃。爱因斯坦的琴声打动了园艺工的心扉，他的坦言又使爱因斯坦接纳一份真诚。于是，两颗心才连在了一起。

伟大人物身边不乏崇拜者。崇拜者就是崇拜者，在偶像面前崇拜者总是跪着，尽管他的双手捧着自己的一颗心。大人物在打量这颗心的时候，同时把自己的心重重包裹起来。这就是许多大人物找不到知音，徜徉寂寞，小人物自卑自馁，收获不了友谊的症结所在。

人生没有朋友，就像是天上没有太阳。纯真的友谊不仅能使人获得上进的勇气，还能感到生活的欢乐。然而友情不同于亲情、爱情。亲情是天然的，有永恒的血缘纽带维系；爱情虽然是后来的，但可以用家庭来巩固；友情则是无根而生，朋友之间没有共同的利益，只有相同的善意。所以友谊不会凭空而出，获得友谊需要秘诀，那就是坦诚的交流和捧出一颗真诚的心。

用说笑给友谊添佐料

生活中，朋友不比家人，天天见面，天天交流，但朋友之间的感情却也似那生活的调味品，缺少朋友，生活也会缺少味道。朋友可以不常见面，不常联系，但每次交流、每每相见，都会相谈甚欢，友谊也就是在这样的交流中流淌着。

现实生活中，很多大师就喜欢在谈笑间互相磨砺，达到了互相帮助、互相促进，并增进友谊的目的。

一天，郭沫若和茅盾这两位文学大师相聚了。他俩谈得非常愉快，话题很快转到鲁迅先生身上。郭沫若诙谐地说："鲁迅愿做一头为人民服务的'牛'，我呢？愿做这头'牛'的'尾巴'，为人民服务的'尾巴'。"听郭老说愿做"牛尾巴"，茅盾笑了笑说："那我就做'牛尾巴'的'毛'吧！它可帮助'牛'把吸血的'大头苍蝇'和'蚊子'扫掉。"郭老看看茅盾，说："你太谦虚了。"这两位文学巨匠围绕着鲁迅先生"牛"的比喻，充分地展开联想，一个自喻为"牛尾巴"，一个自喻为"牛尾巴"的"毛"，谦虚地说明自己只是别人的一部分。这种方法既形象生动，又把两位艺术大师博大的胸怀表现得淋漓尽致。

俗话说："不打不相识"，这里就是说的朋友，两个陌生的人往往是由矛盾产生，并在解决矛盾中升华友谊的。也就是说朋友之间有矛盾也是在所难免的，那么产生了点小矛盾，开个玩笑，说句逗趣的话，比正儿八经说道理效果会更佳。

老王和老张是一对好朋友，由于误会而产生了隔阂，有一段时间没有交往了。有一天，老王跑到老张家，进门便说："老张啊，我今天是来唱'将相和'的。"老张感到很不好意思，忙接过话头说："要唱'将相和'也该我'负荆请罪'啊！"两人在笑声中握手言欢。

试想，老王与老张若不用这种说笑式交谈，要驱除各人心中的云雾，该说多少话呀！而且效果未必有这么好。

说说笑笑，打打闹闹，谈笑风生，是朋友间交往的一大特色。友谊往往就是在这亲密无间的说笑声中得到升华的。

萧伯纳和丘吉尔两人，虽然一个在文坛，另一个在政界，但却是相知的好朋友。两个人的关系，由他们之间信函往来的内容就看得出来。萧伯纳有一场新剧要在伦敦首演。他特别送了两张入场券给丘吉尔，还附上一张写着寥寥数语的便信。

"附上拙作演出入场券两张，一张给你，一张给你的朋友——如果你还有朋友的话。"

在政界一向饱受竞争者攻击的丘吉尔看了哈哈大笑，随即回了一封也只写了几句话的便条。

"很抱歉，我今晚没空，但是我会和朋友明晚去观赏——如果你那场戏明晚还能继续上演的话。"

新剧上演前，萧伯纳一位在银行工作的要好的朋友也写了一封信给他。

"听说你的新剧就要上演了，送给我前排的入场券 10 张，以便分送朋友观赏如何？"

这位朋友也收到了萧伯纳的回信。

"听说贵银行的新钞票已经出笼了，送给我大额票面的钞票 10 张，以便分送亲朋好友花花如何？"

在现实生活中，很多人认为自己笨嘴拙舌，觉得如果不能与朋友相谈甚欢，就很难增进彼此的友谊。其实不是这样的，只要作一些必要的调整，完全可以做到。具体说来，有如下调整的方法：

1. 放下身份

不管是什么身份，如果想要受人欢迎，就得要放下身段，主动去亲近别人。想想看，谁会去接近一个成天紧绷着脸，眼睛长在头顶上的人。

2. 把话说得亲切点

与朋友交流，说话不能太生硬，要让人感觉有亲切感，那么别人才会愿意与你交流，愿意与你增进感情。否则只会拉开彼此间的距离。如："嗨！穿得这么美干什么？要迷死人啊！"这句恭维话就比"嗨！你今天穿的衣服非常漂亮。"要来得亲切。

3. 偶尔也要揣着明白装糊涂

没有人喜欢成天看一本正经的苦瓜脸，偶尔装点儿疯，卖点儿傻，就算嘴里讲着歪理，也不会有人怪你，反而会跟着轻松起来插科打诨一番。

不仅是在朋友之间，如果夫妻、亲子之间也以这种方式相处，就会有一个甜蜜温馨，让人一下了班就想要赶回去的心！

4. 说起话来不能太教条

就算再有道理，也别把话说得硬邦邦，让人听了不舒服。在朋友之间说理，只要点到为止，别成天婆婆妈妈的，让人见了退避三舍。

5. 拿出你的热情，献出你的诚恳

朋友之间遇到麻烦需要有人处理时，尽管举起手来大声说："让我来！"时常打个电话问候一下，别在有求于人时才登门拜访，结结巴巴地说："无事不登三宝殿"，那样只会给人"用得着的时候靠前，用不着的时候靠后"

的感觉。

只要你按以上方法进行调整，你就可以与朋友谈笑自如，尽尝友谊之果。

用真诚的心对待朋友

友谊是美好而宝贵的东西。古今中外，有多少伟人动情地写下了一首首赞颂友谊的诗章。孔子曰："有朋自远方来，不亦乐乎！"唐代诗人王勃写下了"海内存知己，天涯若比邻"的诗句；李白形容友谊比金重比渊深："人生贵相知，何必金与钱。""桃花潭水深千尺，不及汪伦送我情。"现代著名大作家巴金先让写道："友情在我过去的生活里就像一盏明灯，照亮了我的灵魂。"现代伟大的科学家爱因斯坦写道："世间最美好的东西，莫过于有几个头脑和心地都很正直的朋友。"马克思是这样评估友谊的："真诚的、十分合理的友谊是人生的无价之宝。"以上诗章深刻论述、说明人们需要结交朋友，人们不能缺少友谊；朋友的情谊是亲密的、幸福的；友谊是宝贵的，它是人生的无价之宝。那么我们该如何珍惜朋友间的友谊，如何对待自己亲爱的朋友呢？

"化妆品女皇"玫琳·凯年轻时曾经有过这样的经历：用真诚和赞美，为一位想轻生的女孩子带来了光明。

一天，她在海边看到了一位坐着的女孩子，脸上写满了忧郁和哀愁，还挂着泪痕。玫琳·凯微笑着走上前去，问她："您好，我叫玫琳，能跟你说几句话吗？"

女孩子并不愿意理她，依然在那里感受着落寞。玫琳·凯继续温柔地说："虽然你心情非常糟糕，让你显得有些忧愁，但你依然很美。你有什么伤心痛苦的事情，可以跟我说说吗？"

她想了一会儿，就真的跟玫琳·凯倾诉了起来。当她说得动情时，还流下了眼泪。而玫琳·凯给她的一直是真诚的眼神、用心的倾听和适当的点头。玫琳·凯的聚精会神，让女孩子感觉到了一种关注和理解。最后，女孩子还说，自己今天来海边，就是想结束自己的生命的。因为自己爱上的那个人，事业有成后就把自己抛弃了。

玫琳·凯听了后，不但为她感到唏嘘、忧伤，还气愤地大骂那个男人有眼无珠。最后，她真诚地鼓励女孩："你放心吧，天底下好男人多的是，你一定会找到一位责任心强且很有爱心的男人的。你看你长得多漂亮，连我这样的女人都喜欢，更何况是男人呢。所以，你一定要振作起来。"

最后，女孩用极其感激的语气对玫琳·凯说："从来没有人和我说过这么多话，我感觉自己到今天才算是真正地发现了自己。我现在才相信，活下去会是很美好的。"

是的，能够主宰自己生命的玫琳·凯知道，每个人都希望获得别人的真诚关怀、理解和尊重。大多数时候，一句真诚的赞美，可能只花说出者一分钟时间，但对于听者，可能会影响一天、一年甚至一生。

俗话说，"人心换人心"，你若想别人关心尊重你，你就必须对别人也付出一份真心。这也是获得朋友的秘笈。所以，你要是希望朋友关心你、体谅你，就必须先用一颗真诚的心对待朋友。

让亲情话语在朋友间流动

星期天或节假日，三五个好友会聚一堂，把酒言欢，该是多么好的一番景致，但有的人在其间喜欢高谈阔论，不给他人插话的机会，或者是没有给他人留下足够的时间表达自己的意见。聚会是多个人聚在一起的活动，不是看一两个人的表演，如果有人只以自己为中心，好像他人都不存在似的，长久下去，会令人生厌。这时表面上看起来，聚会场面很热烈，而实际上，因为缺少其他人的参与，呈现出外热内冷的局面。

这里面有性格方面的原因，有的人天性就爱在他人面前表达自己，也有不善于运用谈话技巧方面的原因，不管出于哪种原因，都是一种不良的表现。切记，沟通是聚会最重要的目的，只有与会各方争相参与，踊跃交流，才可以使谈话场面热烈，气氛和谐。大致说来，聚会时应注意三个方面的问题：

1. 避免把自己的观点强加给他人

当今的社会，是个多元化的社会，人们的人生观、价值观千差万别。对同一事物的看法，不同的人有着不同的看法，我们能说服自己，未必能说服他人。既然大家都有道理，又何必整齐划一呢？在聚会过程中，难免会有激烈争论的时候，但要记住：我们聚会的过程就是交流的过程，只要对方不是根本性的错误，只是角度不同而已，我们可以保留自己的意见，避免把自己的观点强加给对方。

2. 表现出对他人话题的兴趣

在聚会中，我们如果对他人的话题表现出极高的兴趣，就会激发谈话者的谈话热情。而另一方面，如果对他人的话题兴致不高，表现出漠不关心的态度，谈话者的谈话情绪就低落。然而在聚会中，话题各种各样的都有，并不是每一个话题自己都感兴趣。但是，即使对方的话题自己既不感兴趣，又超出了自己的知识结构，也不要流露出来。相反，自己可以要求对方以通俗的语言给自己讲讲，顺便适当地恭维几句，聚会场面一定会热烈起来。

3. 及时地反映参与者的反馈信息

一般来说，人总是喜欢和自己有共识的人谈话。我们经常可以听到不愿和他人讲话的借口："没有共同语言。"应该说，大家出于某种原因，突然聚集在一起，谈起话来，共同语言会更少，这是情理之中的事。但是，我们可以在原则的范围内，尽量扩大与其他人的共识。虽然有时只是附和而已，也可以收到类似善意谎言的良好效果。

为此，一定要体察他人在聚会参与中的微妙变化，主动、及时地反应参与者的反馈信息，调整自己的姿态，用一种虚怀若谷的气势，容纳他人的看法，这样也可以增强自己的亲和力。

总而言之，在聚会时，只有让话语在朋友之间彼此流动，才能使聚会在愉悦中走向成功。

与朋友谈笑自如有方法

"友谊真是一样最神圣的东西，不光是值得特别推崇，而且值得永远赞扬。它是慷慨和荣誉最贤惠的母亲，是感激和仁慈的姐妹，是憎恨和贪婪的死敌；它时时刻刻都准备舍己为人，而且完全出于自愿，不用他人恳求。"卜伽丘如此诠释了朋友之间的友谊。可见，有朋友的感觉该是多么幸福美妙呀。而大仲马说："友谊也像花朵，好好地培养，可以开得心花怒放，可是一旦伤害或者不幸从根本上破坏了友谊，这朵心上盛开的花，可以立刻枯萎。"

现实生活中，大部分人都有自己的朋友。但是一旦成为朋友，很多人是用得着的时候想起朋友，用不着的时候早把朋友忘在了脑后。用这种方式对待朋友的结果，只能是日渐疏远，以致形同路人。其实，做朋友不应该这样，而应该时常联络，适时寒暄以增进情义。因为人与人之间的关系会随着见面次数的增加而加深，久不见面的朋友自然会日渐疏远。珍惜老友，也是吸引新友主动与我们交往的力量。那么我们该如何珍惜这属于各自最神圣的东西——友谊呢？应该以何种方式与朋友交流而增进彼此间的友谊呢？

1. 赞美不可少

赞美和微笑是世界上最美的无声语言，不要吝啬我们的微笑和赞美。当我们见到我们朋友时，应该自觉不自觉地夸他几句，这样能使他心花怒放，使友谊之树永远长青。

2. 见面要向对方示意、点头、打招呼

如果我们在去上班或上课途中，时间比较紧张却又碰到朋友时，简单招呼一下，叫一下他的名字或微笑着向他点一下头也是很好的方式。

3. 献出关心和爱心

有时候，我们遇到朋友时，可以根据他当时的神情、着装、情绪状态揣测一下对方的行为动向，并抱着关切的态度询问一下，及时地递上我们的关心和爱心，让朋友感觉到来自朋友的温暖。

4. 朋友也要注重"开场白"

也许"开场白"才是寒暄最初的用途。当我们要和别人商谈某事，或参加一个非正式会议遇上别的公司的董事、经理，或是和异性初次约会时，为了避免初次见面时的陌生感而不知如何开口，或缓解正式场合的紧张气氛，我们可以先谈些与正事无关的彼此熟知的话题，如天气、社会风气等。当我们与朋友以此方式交往时，可以永葆新鲜，谈兴更浓。

上面这些寒暄方式是最基本的。除了这些，还可以凭自己的经验，根据不同的情境想出一些寒暄的方式，借以达到融洽关系的目的。寒暄看似简单，但要真正恰到好处地运用，充分发挥其作用，却也要花点工夫。但寒暄时应注意以下几点：

（1）一定要积极、主动、爽朗地向朋友打招呼。记住，不论对任何人，你都得做到这一点，而且最好附之以和善的微笑。这样会很快得到回礼或回应。

（2）灵活运用不同的方式对待不同的朋友。对特别熟悉的朋友，也要大大方方地问好，或关切地询问对方最近的学习、工作情况，尽管可能是无意间的寒暄，但这一瞬却成了较好的思想交流的时刻，同时你们之间的情义也更深了。

（3）注意面对朋友时的表情和姿势。寒暄时最好配以笑脸，对久别重逢的好友可上前握手、拥抱，要和对方有目光接触。如果行礼时，一定要挺直上身，以优美的姿势使你的寒暄更有效果。

总之，与朋友交往应注意经常来往，不时递上关心和爱心，彼此照应，使友谊之花更灿烂。

客气话适度增友情

与朋友交往，客气是不可避免的。适度的客气可以创造好的交友气氛，收到很好的交友效果；过度的客气则是对人对己的伤害，因为它使你无节制地看低自己，不仅不会使对方身心愉悦，相反更易引起对方的反感。

说话恭敬，对人客气，是一件美德。但不分青红皂白地恭敬，过度地客气，那就不大好了。

假如你到一个朋友家里拜访，你的朋友对你异常客气，你每说一句话，他只有"是是"而答，唯恐你不高兴。如此一来，你一定觉得如芒刺背，坐立不安，最终逃之夭夭。

虽然是客气，但是过度的客气显然是令人痛苦的。"己所不欲，勿施于人"，这句至理名言当谨记。

开始会面时的几句客气话倒不成问题，如果继续说个不停就不太妥当了。谈话的目的在于沟通双方的情感，在于增加双方的兴趣，而客气话则恰恰是横挡在双方中间的墙，如果不把这堵墙搬走，人们只能隔着墙作做简单的敷衍酬答。

朋友初次见面略谈客套话后，第二第三次的见面就应竭力少用那些"阁下""府上"等名词，如果一直用下去，则真挚的友谊是无法建立的。客气话的"生产过剩"，必致损害快乐的气氛。

客气话是表示你的恭敬或感激，不是用来敷衍朋友的，所以要适可而止。多用就流于迂腐，流于浮华，流于虚伪。有人替你做一点小小的事情，譬如说：递过一杯茶吧。你说"谢谢"也就够了。要是在特殊的情形下，那么最多说"对不起，这事情要麻烦你"也就很够了。但是有些人却要说："呵，谢谢你，真对不起，我不该把这些小事情麻烦你，真使我觉得难过，实在太感激了……"等一大串话，你在旁边看见也会觉得不舒服的，可是你自己不也有这样的毛病吗？

说客气话时要充满真诚，像背熟了的成语似的流水般泻出来的客气语，最易使人生厌。说话时的态度更要温文尔雅，不可现出急促紧张的状态。还有，说时要保持身体均衡，过度地打躬作揖，摇头摆身作态来帮助你说客气话的表情，并不是一个"雅观"的动作。

朋友之间客气话不能"过剩"，只要把平常对朋友太客气的说话改得略微坦率一点，你就一定可以享受到友谊之乐。

给朋友道歉时要真诚

不愉快的情绪是每个人都可能有的，而其表现也是多种多样的，生气就是其中之一。在与朋友交往的过程中，你有时会发现你的朋友在生气。这可能是他对其他人有什么不满，但更有可能是因为你做错了什么事。当你发现是因为你做错了事才使朋友生气时，你应该怎么办呢？

你不妨用这句话："我真诚地向您道歉"。

凯斯思的高尔夫球伙伴莫斯里是一位来自阿根廷的具有杰出魅力的移民，他在房屋开发行业中卓有成就。一次业余高尔夫球比赛中，在双打时另一个选手、他们的朋友大卫心情不好。莫斯里的比赛开局良好，但是，后来击球很糟糕。凯斯思和莫斯里跑到平坦球道的侧面等着大卫击球。莫斯里在击球时错误地看高而打空了，使球只沿着跑道跑了几码远。大卫的脸色变得铁青，大发雷霆地向莫斯里走来，大声地责备他。

莫斯里是如何反应的呢？他否认了吗？他嘲笑他的朋友这么生气了吗？他设法敷衍说"这只是一场游戏"呢？还是大声回击："别因为你今天心情不好就拿我出气！"

这几种回答本身就会使对方更生气。而莫斯里，一位擅长劝说的人却没有这样做，他从自己的劝说语言宝库中抽出一个魔力般的表达方法。他只是真诚地说："大卫，我的朋友，我真诚地向你道歉。"气愤从大卫身上慢慢消失，就像是水从浴缸中慢慢排出一样。

"噢，没关系，"大卫嘟哝着说，"这不是您的错。"

"我真诚地向你道歉"这句话具有如此魔力，在它真诚的攻势下，从没见过任何没有消气的人。

当然，您绝不能过多地道歉，因为当时他们感到您说得已经足够了，通过接受道歉，他们已经让您知道了这一点。

对付生气的人的另外一种较有效的方式，就是承认他说的问题，但要使用"我没有经验"这种方法去温和地表达自己的不同意见。请看以下案例：

乔治给他的朋友做帮手，有一次，他的朋友对他大叫："这个广告册子真是太糟糕了，乔治。如果将它刊印出来，我们就将成为别人的笑柄了！"

"我没有经验。"乔治静静地回答。

"我们不能告诉顾客我们的竞争对手卖的玉米片比我们多。否则他们就会到我们的竞争对手那儿去购买了。"

"我没有经验。"

"还有这个800电话号码，它使得消费者不停地打进电话抱怨一些事情，电话费花销要比玉米片的销售额还多，我们会破产的。"

这位老板渐渐消了气。

对付生气的人切忌以好斗的语气说话。和他们说话时要保持低调，几乎是压着嗓子："我没有经验。"其实，这也是一种道歉，只是不太直接，不过丝毫不能压抑住你的真诚。

总而言之，当你与朋友相处时做错了事，不妨真诚地向他道歉，这样你们会和好如初。

第11章
好口才让你的恋爱更浪漫

"谈情说爱"是感情生活里一个不可或缺的重要组成部分，而与恋人相处时的谈情说爱，也是一门美妙的艺术，需要悉心体会，认真揣摩，善加利用。只有谈得惬意，说得圆满，才能让两颗心灵在甜言蜜语中撞出爱的火花。

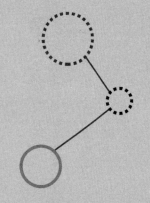

初次约会寻话题

怎样掌握初次约会的艺术，使情窦中人彼此相互接触，并将丰富的思想、复杂的情怀、微妙的心声，用妥帖的语言表达出来，并由此点燃爱的火花，是情人们都渴望掌握的技巧。

也正是由于初次见面的重要，使得不少青年男女第一次见面时往往不知如何开口，或说些什么话，即使原本健谈、幽默和风趣的人也会变得木讷、寡言甚至手足无措。这种现象在现实生活中也实在是见怪不怪的了。

其实你大可不必那么紧张，也不要封闭住自己的感情和心灵，如果初次见面你觉得对方还不错，就大胆地向他表示自己的真心，就算你有什么具体的实际要求，也不妨诚恳地说出来；遮遮掩掩，想问不敢问，想说不敢说，会把约会变成一个别扭、难堪的聚会，那样就没什么意思了。

在任何场合，男性主动向女性打招呼、问好，这对男性应是一种礼貌；在恋爱时，男性主动同女性打招呼、问好是一种必不可少的礼貌；这时，男性应主动开口，并尽量展开话题，不要出现冷场。例如：

小张经人介绍与小李姑娘认识。在一个星光灿烂的夜晚，他们见面。

小张首先开口说："你好。我已经等了你很长时间了，真怕你突然改变主意不来了，那我就惨了。你觉得我怎么样？首先外观上你能通过吗？我这个人最大的缺点是不会收拾装扮自己，所以迫切想找个贤内助帮我料理收拾。如果能那样子的话，你一定会发现一经打扮，我还挺不错的呢。不要笑，我这个人就好开玩笑，虽然工资不高，但生性乐观，爱好广泛，如听音乐、打篮球、游泳、看书等，又好动又好静。你呢？"

如此这般，小张很自然地展开话题，并诱发姑娘说话，从中探测她的志趣爱好，可谓一举两得。

男性通常喜欢温柔贤惠、稳重大方、活泼开朗的女性。也许在女性开口之前，男性还会对她的容貌有所挑剔，但只要她一开口说话，表现出令他喜爱的品德，容貌就成为其次的了。

37岁的小吴第一次与男友见面时这样说："听说你在单位里很有人缘而且很能干，是不是因为太执迷于工作了，所以耽误了恋爱结婚？噢，我说呢，怪不得人家说你老实忠厚，其实姑娘们并不都喜欢有钱的男人，主要还是挑人品。我以前见过几个，也是别人介绍的，个个都算有钱，但他们仗着有钱，要求甚高，而且自我感觉太好，仿佛天下的姑娘都任他们挑似的，我不喜欢这样的男人，你呢？"

男方第一面就喜欢上了心直口快、稳重大方的小吴。

当一个女孩子第一次答应跟你约会时，她内心忐忑不安，不敢相信你是完全发自真心地爱她，但她又期待着你说出火热的情话，表现出你急切想跟她好的真心。如果你能做到这一点，那么就可以很顺利地和她交往下去了。

"这两天我都吃不下去饭，净想着怎样约你出来，跟你单独见面谈一谈，现在你终于来到我身边，真是太好了。"

"你看天上的月亮，你就像那月亮一样明丽照人，一到晚上，看到月亮，我就想你。你也像那月亮一样温柔似水，我从来没有像喜欢你这样喜欢过别人。"

"那一天，我看到你跟一个男孩子说话，真嫉妒得要死，整整一个晚上，我都在比较我和他谁优谁劣。哎。也不知怎么搞的，你就像个仙女一样把我迷住了，真不知道要是失去你，我会是什么样子。好在你现在我身边，真是太好了。明天你一定要来呀。"

大多数女孩子表达感情的方式比较含蓄，内心爱情如潮涌，表面上却很平静，看不出丝毫痕迹，甚至还略显冷漠来掩饰自己的真情实感。她们在第一次会见自己喜欢的人时，往往不大愿意多说话，但又不能不说，所以言语多较为谨慎，带点探询、含糊其辞等特征，或假装天真、糊涂，让对方多说，以便观察、了解他的为人。

"我是不是来晚了？我没想到你会约我。"

"我也不知道怎么回事，最近总是心神不定。"

"我第一次看到你，就觉得你挺特别的。"

"你觉得你自己有什么优点？"

"真不知道在你面前说刚才那些话合不合适！"

女孩子的爱一般表现在行动上，而在语言上不大能表现出来；所以恋爱时，还是以男孩子主动开口说话为主，如果你能掌握她的心理、爱好，有针对性地开口说话，那样效果更佳。要明白，女孩子喜欢大胆、直率和真诚的男孩子，只要你把握住夸奖、赞美的原则，让她听了感觉愉快、甜蜜，你们就一定能继续交往下去。

试问爱我有多深

恋爱中人交往到一定阶段，就会非常关心和在乎彼此在对方爱情天平上所占的分量，正如歌曲《月亮代表我的心》中所唱："你问我爱你有多深，真情有几分？"歌曲《十五的月亮十六圆》中也有一句唱得好："要想恋爱可得多交谈。"那么，如何通过"多交谈"来了解对方"爱你有多深"和"真情有几分"呢？以下几种方法可以助你巧试探：

1. 亮出家底法

经人介绍，在银行工作的丽结识了在法院工作的映，二人一见钟情，相处一段时间后，觉得无不合适，就确立了恋爱关系。丽出生在农村，家境不是太好，而映家在城里，家庭富裕。丽担心映在意自己的家庭，于是在一次约会时，直言不讳地对映说："我得向你声明，我家在农村，兄弟姐妹较多，家里经济负担可不轻，如果将来我们组成了家庭，我还得给他们一些贴补，你可得有个心理准备呀！"映听了平静地说："我也实话告诉你吧，我找对象的标准是人品第一，其他靠后。这段时间通过对你的间接了解和直接观察，我觉得你是一个人品很不错的女孩，这也就是我想和你处对象的原因。至于你的家庭经济状况如何，我不在意。孝敬父母，照顾兄弟姐妹本来就是我们应该做的嘛。"映的一番话彻底打消了丽的顾虑。

时至今日"门当户对的"观念仍在不少人心中根深蒂固地盘踞着。他们在找对象时，对对方家庭的经济条件、成员的素质及社会地位格外看重，即使他们对对方满意，而当其家庭与自己的家庭不"般配"时，他们往往也会另寻所爱。认识到这一点，恋爱中的青年男女不能不了解对方对"门当户对"

观念的看法，不能不弄清自己和家庭在对方心目中究竟孰轻孰重，以便从中探出对方"真情有几分"。

2. 自我揭短法

大学毕业后，晓兵进了距本县数百里外的某县检察院工作。不久，领导给他介绍了一个在该县一中教学的女朋友。第一次约会时，晓兵没有像别的青年那样在对方面前竭力展现自己的优点，而是"反其道而行之"。晓兵对对方说："我这个人找对象存在三大不利因素：一是我家不在这里，办事不如本地人方便；二是我相貌平平，有点对不住观众；三是我在检察院工作，经常加班加点，与我谈对象恐怕要做出一些牺牲。"晓兵的一番话使姑娘看到他的真诚与豁达，她不由得微微一笑，只说了一句："你这个人靠得住，这比什么都强。"

一般说来，恋爱双方总竭力掩盖自己的缺点，展现自己的优点，以博取对方的欢心，把对方"追"到手。然而，这样做不利于给对方一个真实，完整的自我，容易为以后的婚姻生活埋下隐患。

像晓兵这样自我揭"短"，展露真实的自我，不仅能给对方一个真诚，豁达的印象，而且还能借此了解对方对自己不利因素的接纳程度，以便消除以后可能出现的隐患。如果对方知"短"而退说明对方不能接纳你的"短处"，对你"真情还欠几分"，那么你就可以亮出"免谈牌"，再寻所爱。需要说明的是，这里所说的"短"也并非真的是短处，而是有故意贬低之意。上例中晓兵有意贬低自己，只不过是探查对方对自己真实看法的一个小技巧而已。

3. 借机考验法

双休日正在加班的娟突然收到了男友强的传呼：我在家等你。她猛然想起前几天强说过要同她利用双休日好好玩一玩。她感到为难，一方是领导的安排，一方是男友的"召唤"，而前者是不可违的，怎么办呢？情急之下她灵机一动：这不正是考验他的好机会吗？于是她给强打电话说："强，真对不起，领导安排我双休日加班，看来不能陪你了。"电话那端传来强不耐烦的声音："就你积极！平常咱都忙于工作，没时间约会，可到了双休日你又要加班，我可受不了！""啪"的一声强把电话挂上了。娟感到委屈，她想，男友现在就不能理解自己，如果真的结婚了，又会怎么样呢？她觉得应该考虑一下是否还有与强谈下去的必要了。

恋爱是美好的，沐浴在爱的阳光下，谁不希望和心上人在一起多一些时间呢？然而，生活中并非只有恋爱一事，除此之外，双方还要工作，学习，应酬等等。"理解是爱的别名"，如果对方真心爱你，就一定会设身处地地为你考虑，体谅你的难处。如果对方像上例中那样发火，说明他不能理解你，那么此时你也就应该明白对方"真情有几分"了。

试探恋情有妙招

恋爱中的人们往往交往到一定阶段就需要再向前突破，而此时如何突破大有讲究。利用心理战术拉近彼此的距离，这是每一个情场老手都擅长的，你不妨学习一二。

1. 无意识接近

你可以寻找理由碰触对方的身体。例如荡秋千时，说："来，我帮你推。"手自然推其肩膀，或是有车从后边驶来时，对她说："车来了"，于是轻轻地搂着她的肩膀将她拉近。

也可在来到餐厅门口时，轻轻拍拍她的肩膀，说："就这间，怎么样？"她若同意，轻轻抚着她的肩膀一同走进去。如果突然起风转冷或突然下雨时，脱下大衣披在她身上，然后轻搂其肩膀。在介绍建筑物或名胜古迹时，从背后把左手搭在她的肩膀上，右手指建筑物或古迹说："喏，就是那一幢。"

2. 有意识忘情

利用时机捏捏她的鼻子或其他易接触的部位，会让她觉得你和她多么亲密。例如摸摸她的头，用手指拢拢她的头发，或用手指抚摸她的头发。

如果她神态娇羞不表示反对，你在下次就可考虑进一步地接触。摸她的手时，顺势摸她的手指根部，她会有意外的感觉。轻轻捏捏她的鼻子，会使她心花怒放。用手点她的额头，说："你这顽皮的小猪。"会把她逗笑。她刚在草地上站起来时，你说："哎呀，这里脏了。"顺手给她拍几下。

3. 眉目传情

当你能够将喜欢的心情注入目光中后，再试着以目光来表达其他的感情。首先试着表现"担心"。当他迟到、稍微受伤或被上司斥责时，用一种"你还好吧"的眼光看对方。当他跟其他异性说得火热时，试着以"哼，干吗那么亲近"稍带嫉妒的眼光看他。他自然会捕捉到你所发射的信息，并会做出相应的反应。

4. 制造佳境

有经验的人常常会制造有利于身体接触的环境。因为身体接触的条件是外部气氛与环境再加上彼此亲密的交谈。这时交谈需由自然的话题展开，最好能有手势神态的配合，激起对方心灵的共鸣。

5. 心照不宣

有时，某对男女产生了爱情，虽然没有语言的道白，彼此所交流的爱意却已经心照不宣。所以，如果与对方用语言难以将爱意戳穿的话，不妨试一试用身体接触表达对对方的爱慕之情。例如：

（1）过马路时，他要闯红灯，说"要小心"，然后紧紧拉着他。

（2）上下船或走过崎岖不平的路时，自然地伸出手，对她说："来，这儿危险，抓住我的手。"

（3）人很拥挤时，对她说："抓住我的手，否则要走散了。"她若忸忸怩怩，你就一把抓住她的手。如果她真的心中喜欢你，则只会作势地挣扎几下，然后就顺从；如果她确实不愿意，会"声色俱厉"地挣脱你，这时，你不要勉强，这是对她的意志的尊重，并不是表示你懦弱。

（4）她欲站起来时，自然地对她说："来，我拉你起来。"

（5）跟他比比手掌大小："来，我看你的手掌大我多少。哇，竟有这么大。"

（6）试试你的腕力：能否抵挡得住她用手拉。

（7）看手相：这方法很俗气，但很有效。如果你能讲五六分钟，就可使她大感兴趣。

想说爱你不容易

"关关雎鸠，在河之洲。窈窕淑女，君子好逑。求之不得，寤寐思服。悠哉悠哉，辗转反侧。"的确，悄悄地爱上了心上人之后，却又苦于不知道怎样表达，这是不少青年男女常常碰到的难题。爱在心头，口难开，又羞于向人求教，更恐"落花有意，流水无情"，只能缄默、着急、苦恼。

其实，找到恰如其分的时机和方法，张开你的"金口"，爱情之花就会开放。

1. 制造悬念

当青年男女暗自的感情发展到目标确定、情意执着的时候，不妨先制造一个悬念，有意在对方的心中树立一个无形的"横刀夺爱"的"第三者"，造成一种欲爱不成，欲割难合的紧张、矛盾心态。然后，突然使对方恍然大悟，实现爱的转折，将爱情推向一个新的深度。

马克思在向燕妮表白爱情时，就是成功使用这种方法的典范。他对燕妮说："燕妮，我已经爱上一个人，决定向她表白爱情。"燕妮心里一直爱恋着马克思，此时不由一愣，急切地问："你真爱她吗？""爱她，她是我遇见过的姑娘中最好的一个，我将永远从心底爱她！"燕妮强忍感情，平静地说："祝你幸福！"马克思风趣地说："我身边还带着她的照片哩，你想看看吗？"说着递给燕妮一只精致的小匣子，燕妮惴惴不安地打开后，看到的是一面小镜子，镜子里的"照片"正是燕妮本人。马克思有意在燕妮大海一样的深情中掀起波浪——制造紧张局势，让深爱着他的燕妮在惊讶中误以为他另有所爱，当他察觉出燕妮因失去自己而显得痛楚、失落的神情时，又及时诱导她解开悬念，打开装"照片"的匣子，镜中人就是自己。一场虚惊恰恰表现了马克思表达爱情的独特方式。

2. 曲折含蓄

如果你的心上人的文化素质与领悟能力比较强，那么你可以不显山不露水，把你的情感若隐若现地包含在彼此的谈话中，使他在咀嚼之余，倍感爱情的神秘与甜蜜。

有一位小伙子在散文大奖赛中获头等奖，得了一套微波炉。他把这个消息告诉心上人时，说："我终于有了自己的微波炉，是散文大赛头等奖的奖品哩！"姑娘也兴奋地说："那我祝贺你！""这样庆贺太没劲了，咱们搞个家宴，怎么样？"小伙子提议。"可以呀！""可是我不会做菜，没有主人操作，怎么办？"小伙子显得为难起来。"我可以试试呀！"姑娘毛遂自荐。"那敢情好，我如果能经常吃到你做的菜，那该多好啊！""只要你不嫌我做得蹩脚，我答应你就是了！"小伙子用奖品做话题，以做饭为主线，绕了一个大圈子，终于巧妙地将彼此的谈话导入表情达意的"正常轨道"，仿佛是在不经意之间，就敲定了一桩婚姻。

3. 直抒胸臆

直抒胸臆是指有些人表达爱情十分简明直率，不虚伪造作，而是大胆而毫无保留地向对方倾吐自己的感情，宛如那潺潺的小溪，汩汩而流。一般而言，性情直率、表达思想感情喜欢开门见山的人宜采用此法。显然，对于交往比较深，有一定的感情基础，或者两人已经互相倾慕，只需"捅破那层纸"的双方来说，直抒胸臆表达爱情很省力，也别有一番趣味。列宁向克鲁普斯卡娅求爱时就直截了当地说："请你做我的妻子吧！"而一直爱慕列宁的克鲁普斯卡娅也回答得很干脆："有什么办法呢，那就做你的妻子吧！"列宁的真爱言简意明，感情诚挚，给人以难以拒绝的力量，同时，也让克鲁普斯卡娅清清楚楚地看到一个忠诚的心灵世界，从而很容易使双方激起爱的涟漪。

4. 诙谐幽默

将神圣的爱情寓于俏皮逗趣的说笑中，让对方不知不觉地体会你的心思，既不显得羞怯，又不会出现难堪的场面。

黎夫陪筱卉到商厦买东西，他为了在筱卉面前玩潇洒，显"派"而取悦于她，对售货员指东喝西；最终一件东西也没买，为此惹怒了售货员，双方唇枪舌剑。当黎夫显然处于无理的劣势之时，筱卉站出来从中周旋，为他挽回面子。黎夫很感动地对她说："人们常说'英雄救美人'，今日倒好，成了'美人救狗熊'，我真该好好感谢你才是啊！"筱卉止住笑，俏皮地追问："好啊，看你怎么谢我呀？""我送你一件最珍贵而稀有的礼物，不知你喜不喜欢？"

黎夫显然已成竹在胸，献殷勤般地调侃。"说出来看看吧！""我把我自己赠送给你，接受不接受哇？"黎夫巧妙地拿自己幽默自己，已使筱卉充分感受到了他的风趣睿智。

5. 画龙点睛

画龙点睛是指彼此心有期许，往往又飘忽不定，犹豫不决，爱恋的一方借助某种氛围和物质的烘托，将爱情推向"白热化"。

剑鸣只差一步就可能获取阿佳的芳心，可阿佳近来对他表现出不友好的神情。剑鸣着实乱了方寸。情人节这天，本想买束花送给阿佳，可花市鲜花告罄，于是他直奔乡下花圃。当他抱着一大捧鲜艳的红玫瑰正要献给在公园门口等自己的阿佳时，被一群囊中有钱、手上无花的俊男倩女拦住，对方称要花出20元买两束。剑鸣灵机一动，不无得意地大声说："按说，我有这些'鲜花'，卖你们两束也可以，可是，这是我特意从花圃采来献给我的天使的，花儿代表我的心，此花只属阿佳一人！"阿佳顿时陶醉在一片羡慕声中。剑鸣通过赠花，将对心上人的情感在大庭广众之下进行渲染，既表现了他对阿佳爱情的赤胆忠心，又使阿佳在大家面前风光了一回，自尊心得到了极大的满足。难怪阿佳当众送他一个火爆的吻！

6. 借题发挥

借题发挥是指巧妙地将情感蕴含在并不直露的言语中，借用某一事物或人物等形式，小题大做，把绵绵之情传递给对方。比如，为发展彼此的关系，可利用双方的共同爱好，经常交换、推荐好书读。在一借一还，借借还还之中，爱情的种子开始发。

一天，翱问菲他新买回而自己尚未看的一本书，菲深情地对翱说："我借别人的书，总是很快就读完，而你借给我的这本书，怎么也读不完，可能要读一辈子，你是愿意伴我读完呢，还是让我割舍不读呢？"

总之，向心上人表达爱情，是一种最甜蜜、最伤神、最微妙的情感活动，但只要你张开"金口"，把握好性别角色、情感浓度，发扬大胆主动，锲而不舍的精神，就一定能拥有甜蜜永久的爱情。

爱情需要幽默来催化

爱情需要感情做基础，感情的培养同说话有密切的联系。谈情说爱就着重于"谈、说"二字。如果能采用幽默的语言，对于爱情的获得不无好处。尽管幽默的力量不可能叫别人对你一见钟情，但是它确实对你大有裨益。无数事实证明，男女之间互相怀有好感，长出了感情的幼苗，能否使它健康地生长，直到开出花朵，结出果实，如何浇灌语言之水是其中一个重要的因素。

你有良好的口才，有利于感情的表达和交流，你就能更好地掌握爱情几个阶段的"火候"。如果你能发挥幽默力量的作用，更能使你的爱情语言妙趣横生，进展顺利时更加甜言蜜语；磕磕碰碰时开个玩笑，逗逗乐趣，化干戈为玉帛，和好后感情会胜过当初。假如口才不济，有"情"不能谈，有"爱"不能表，久而久之，已萌发的爱情便会枯萎。请看一则"找绳子"的幽默小故事：

小青姑娘交上了一位胆怯、寡言的男朋友，他的名字叫李逊，他常去找她，很想接近她，但又没有勇气向她求爱。小青喜欢他的诚实，但又清楚地知道他的弱点。一个月儿当空的夜晚，万籁俱寂，他和她在小河边的柳树下坐着，为了打破僵局，小青想法子要给他一个亲近的机会。

小青："有人说，男子手臂的长度等于女子的腰围。你相信不？"

李逊："要不要找根绳子来比比看？"

"谁要你找绳子！"小青生气地责怪。

"你不是要量腰围吗？"李逊不解地问。

这位李逊，也确实太老实巴交了。现代青年的思想充分活跃，婚姻全是男女青年谈情说爱的结果。那种男女结合要凭媒妁之言，父母之命的时代已经一去不复返了。婚姻由长辈包办代替，当然不费青年男女的口舌，口才高低丝毫不起作用，更谈不上语言的幽默了。如今自由恋爱，只有通过"交谈"，才会有"恋"有"爱"，而语言的幽默、口才水平的高低都显现出举足轻重的作用。它能增添或削减你的魅力，促使你恋爱成功或失败。现代生活是丰富多彩的，而当代青年也是性格多样的，如果从语言幽默感的角度来观察，可以发现不少青年人在恋爱中语言的使用还存在着一些问题。

实际生活中，有这样一些青年，总以为只有甜言蜜语才能表达爱情，才够甜，才有味，于是就生搬硬造，结果却适得其反，弄巧成拙，显得感情不真实。如一位小伙子给女朋友写信，信中写道：

"我爱你爱得如此之深，以至愿为你赴汤蹈火。星期天晚上如不下雨，我一定去找你。"

还有的青年沉默少语，他们认为"会捉老鼠的猫不叫""会叫的鸭子不下蛋"，反正我真的爱她，话说不说、怎样说都无关紧要。《天仙配》中的董永傻乎乎的不善说话，美貌的七仙女不也看上了他吗？他们甚至认为，同恋人见面，还是少说为佳。现代青年还有这种认识，岂不可笑。

真心地爱一个人，就必须在任何时候、任何事情上都讲"真话"，不能有丝毫的隐瞒和做作，这种观点自然是对的。但当涉及到对方的不足之处和自己对对方不足之处的评价时，就要坦率与委婉相结合，直言与婉言兼而使之。

有位小伙子和一位美貌的姑娘，他们互相爱慕着。小伙子肯学习，很有上进心，就是个子较矮，在这点上，小伙子有点自卑感。他有意直接问姑娘："男子要身材高大才有魅力，你认为是吗？"

"是的。"姑娘点头。

于是，小伙子对姑娘就避而不见，两人终于分手了。

爱情是人类发自心灵深处一种纯真美好的东西，因此必须用美好的语言来歌颂它，来表达它。如果两人互相爱慕，相亲相爱，就因为语言的缘故，影响进一步沟通，导致感情中断或破裂，实在令人惋惜。欲使爱情步步高，就用幽默来催化。我向青年朋友们建议，学习运用幽默的语言，增强谈情说爱的技能。

甜言蜜语沐爱河

女人有爱听温柔、甜言蜜语的天性，她就是希望在有形的眼睛和耳朵都能感觉到形式上的确认，"我在他心目中的意识中是最重要的人""我对他是不可缺少的人"。在大多数女性的意识中，语言比行动更为重要。假如男人不在她们耳边重复着说"我爱你"，她们就认为不能与对方沟通。认为对方并不在乎自己，自己在对方心中没有地位。处于幸福、甜蜜状态的女性，都是根据恋人的"甜言蜜语"或反复的爱的动作得到安心的。

尽管有些时候，女人心中也明白自己在恋人心中的地位，但她还是希望恋人能把它说出来。她们之所以要求男人这样做的唯一理由是：你关心我，就要说出来让我知道，你不说，我怎么知道你关不关心我呢？而大多数男人则认为，实际的行动比甜蜜的语言重要得多。他们往往只注重满足女人一些实际的要求，而忽视了满足女人的心理需求。在现实生活中，许多情侣都因此产生过隔阂，为此分手的也不在少数。

因此，满足女性的这种心理是男性的任务，"我爱你""我喜欢你"这些话对女性是非常重要的。女性认为这样是显示她们内在价值和魅力的标志所在。

男女相处，尤其是已经到了接近谈婚论嫁的阶段，甜言蜜语非常有用，你不妨大胆些，在言语间多放点蜜。

与恋人久别重逢的时候你可以讲："好像在做梦，多么希望永远不要醒。"

你以充满爱意的眼神望着恋人："总是惦念着你。别的事我一概不想……我的感觉，好像一直跟你在一起。"

这是"无法忘怀，时常忆起"的心境，只要谈过恋爱的男女，一定有此经验的。除了他以外，任何事都不放在眼中，总是想念着他。相爱之初，热烈的甜言蜜语绝对不会使人感到厌烦，也许还认为不够呢。

你可以大胆地问他："你喜欢我吗？"

你或用这样的语气追问："说说看，喜欢到什么程度？"

你甚至可以单刀直入地这样对他撒娇："请你发誓，永远爱我。"

"世界是为我们而存在，对不对？"

"你爱我，我可以抛弃一切。你也是这样吗？爱就是一切。"

"你不会违背我吧？如果你抛弃我，我只有死。"

像这样接二连三地向男性表示"永远不变的爱情"，女性便会沉浸在自我陶醉之中。而男性的反应也会是积极的。可如果他说出："可以发誓，我永远爱你一个人。纵使海枯石烂，爱情也永不变。"男性若能够这么流利地说出来，一定表示他并不重视你，因为他对任何女性都会这么说。

普通男性会说："又来了。"感到畏缩与失望，口中哼哼嗯嗯地无法给予明确的回答，心中还想着其他的事。

当然，在爱情上，"我爱你"的言辞用得过多，未免有庸俗之感，倘若换为"我需要你"，就显得有实际的感觉。

"需要"与"爱"所表现的感受，对男性而言，似乎前者胜于后者。

恰当地运用甜言蜜语，可以使两个人之间的爱情温度逐渐升高。然而这些话只能用两个人听得到的声音互相呼应，如果在许多朋友面前得意地说出，周围的人会感觉很扫兴，还会肉麻。

当然了，这并不是说，只有女人才喜欢甜言蜜语，男人有时对甜言蜜语也是十分受用的，铁汉也有柔情的一面嘛。巧妙地使用甜言蜜语，无论是男人、女人，最重要的就是能找准时候，在对方需要甜言蜜语、柔情抚慰的时候运用这个"法宝"，定能大获全胜。

1.异地恋的恋人间需要甜言蜜语

老天有时候似乎总是给相恋的人一些考验，以此来验证一下他们的感情是否牢固，将一对热恋中的情侣分置两地就是它常用的一种方法。一对热恋中的情侣，本来就是"一日不见，如隔三秋"，现在偏要将他们分开，原因可能也有多种，工作调动、出差、求学等等，这确实是件痛苦的事情。这时候双方都需要来自对方的关怀和抚慰。甜言蜜语的"电话粥"自然是不能少"煲"的。

2. 久别重逢的恋人间需要甜言蜜语

俗话说，小别胜新婚。热恋中的情侣还没有走入婚姻的殿堂，这时候的感情往往十分地单纯、火热，经历了小小的分别，再度重逢，所有的关怀和问候，都化成了甜言蜜语。这时候，怎么样直白的表述也不为过。你可以说："你真的回来了，我不是在做梦吧，如果是做梦，我宁愿永远也不醒过来。"你也可以拥着你的爱人对她说："跟你在一起的感觉真好，我们再也不要分开了。"这种久别重逢的感觉，恐怕是只有经历过的人才能体会得到，在此时使用任何甜言蜜语都不用怕羞，绝不会使人感到厌烦。

3. 大庭广众之下的甜言蜜语

一提起甜言蜜语，很多人都会将它同隐私相联系，总是感觉只有两人独处，耳鬓厮磨时才会有甜言蜜语。其实不然，甜言蜜语，也不仅仅包括"我爱你""我想你"之类的柔情话语，同时也包括那些只有两个人才懂得的"私人用语"。比如：情侣之间的甜蜜称呼，就属于这类的"私人用语"。其中意味只有你们两个人知道，外人无从知晓，即使在大庭广众之下说出来也无伤大雅，还会增进感情。

有人说：沐浴在爱河中的人的字典里，没有老套的字眼。任何海誓山盟，"爱你爱到入骨"的话绝对应该去说，不必怕肉麻，除非你并不爱对方。

有情无缘妙回绝

甜蜜的爱情总让人心醉神迷，流连忘返。被爱是一种幸福，如果爱你的人正是你所爱的人，你当然会有幸福的感觉；假如爱你的人并不是你的意中人，或者你一点儿也不喜欢对方，你就不会感觉被爱是一种幸福了，你可能会产生反感甚至是痛苦，这份你并不需要的爱就成了你的精神负担。所以现实生活中并不是"有缘才相聚"的，当你面对那份无缘的爱时，你该如何巧妙回绝呢？

别人爱你，向你求爱，并没有错；你不欢迎，你拒绝对方的爱，也没错。最关键的是看你怎样拒绝，如果拒绝得恰到好处，对双方都是一种解脱，也可以免去许多麻烦。如果你不讲方式，不能恰到好处地拒绝别人求爱，你就可能犯错误，不但伤害他人，说不定也危害自己。

拒绝求爱的方法有多种，从形式上看，可以用书信，可以口头交谈，也可以委托别人。

1. 直言相告，以免误会

你若已有意中人，又遇求爱者，那么就直接明确地告诉对方，你已有爱人，请他另选别人，而且一定要表明你很爱自己的恋人，但切忌向求爱者炫耀自己恋人的优点、长处，以免伤害对方的自尊心。

2. 借物喻人，委婉回绝

恋爱时，抓住生活中一些特有的事物，将它赋有寓意，也能收到四两拨千斤之功效，且回绝时应尽量婉转一些、谦逊一些，让对方自知其意。

例如：一个姑娘与小伙子第一次约会后，就婉言提出了不再见面的想法。没料到，第二天小伙子竟找到了姑娘的公司，邀请再次约会。"我现在正忙于公司的事务，实在抽不开身，真对不起，你请回吧！"

下班后，姑娘发现小伙子还待在公司的门口，于是买了一个泡泡糖递给他，寒暄几句后便匆忙告辞。姑娘这一举动，使小伙子倏地猛醒其意，知道姑娘是借物喻人，借泡泡糖的易破裂，来否定一厢情愿的爱，只好罢手。

3.语言真诚而友好地婉言谢绝

语言是表达爱情的一种方式，对方向你吐露心迹，这种真挚炽热的情感是圣洁美好的。俗话说："落花有意，流水无情。"当你无法答应对方的爱时，重要的应态度友善诚恳，吐出肺腑之言，让对方从"细微处见真情"。

《简·爱》中当简·爱的表哥牧师圣约翰向她求爱时，尽管牧师救过她的命，孤单的简·爱也确实需要依傍，但她清醒地懂得友情不等于爱情。她说："我答应作为你的传教伴侣和你同去，但我不能作你的妻子，我不能嫁给你。"约翰在当时可能很痛苦，但简·爱的语言真诚而友好，他只好退步。

所以倘若你不喜欢求爱者，根本没有建立爱情的基础，可以在尊重对方的基础上，婉言谢绝。

对自尊心较强的男性或羞涩心理较重的女性，适合委婉、间接地拒绝。因为有这类心理的人，往往是克服了极大的心理障碍，鼓足勇气才说出自己的感情，一旦遭到断然的拒绝，很容易感觉受伤害，甚至痛不欲生，或者采取极端的手段，以平衡自己的感情受创伤。因此拒绝他们的爱，态度一定要真诚，言语也要十分小心。你可以告诉他（她）你的感受，让他（她）明白你只是把他（她）当朋友，当同事或者当兄妹看待，你希望你们的关系能保持在这一层面上，你不愿意伤害他（她），也不会对别人说出你们的秘密。

你不妨说："我觉得我们的性格差异太大，恐怕不合适。"

"你是个可爱的女孩，许多人喜欢你，你一定会找到合适的人。"

"你是个很好的男人，我很尊重你，我们能永远当朋友吗？"

"我父母不希望我这么早谈恋爱，我不想伤他们的心。"

　　如果这些自尊和羞涩感都挺重的人没有直接示爱，只是用言行含蓄地暗示他们的感情，那么，你也可以采取同样的办法，用暗含拒绝的语言表明你的心思。

　　要记住，拒绝别人时千万不要直接指出或攻击对方的缺点或弱点，因为你觉得是缺点或弱点的东西，对自己或某些人也许并不认为是缺点。所以，不能以一种"对方不如自己"的优越感来拒绝对方。特别是一些条件优越的女青年，更不能认为别人求爱是"癞蛤蟆想吃天鹅肉"而一推了之，或不屑一顾，态度生硬，让人难以接受。

　　无论如何，在爱情之路上，当你遇到不满意或不能接受的求爱时，最好采用恰当的语言，婉言拒绝，巧妙收场。

第 12 章
好口才让
你的家庭
更和谐

　　每一个家庭都不可避免地会碰到沟通问题。如果父母、孩子、夫妻等等之间的沟通问题处理不好，既影响到生活的质量，又影响亲人间的感情。若要避免这种情形出现，就需要我们在自己的口才上下点功夫。

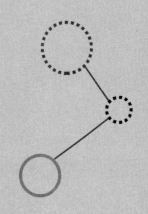

孩子有错该怎么沟通

养育子女是父母的权利和义务，不论古今中外，生儿育女，繁衍后代，是家庭最重要的职能和责任。在我国传统观念中，人生的最大的成功和快乐，不是钱财、地位、学问，而是子女成材。望子成龙、望女成凤是每个父母的期望。子女会给父母带来欢笑，同样也会给父母带来困扰。

俗话说"金无足赤，人无完人"，每个人都有各自的缺点和错误，孩子更是如此。面对孩子的错误和不足，很多父母首先想到的是责怪孩子。殊不知，孩子身上的缺点大都源自父母的过失。因此，为了孩子的身心健康发展，做父母的应该时时反省自己的言行，系统学习一些家教知识，科学帮助孩子克服自身缺点。

孩子不听话确实很令人头疼，家长们该说些什么才能让孩子听从吩咐呢？

1. 孩子发生小意外

不要说："你怎么老是这样？真笨！"不妨说："好好想想，现在该怎么办？"

"父母如何处理孩子的小意外，关系到孩子对父母的亲密与疏远，信任与反感。"家庭精神治疗家、《自律》一书的作者内尔森说。有时家长免不了要骂孩子，夺过孩子的卡通画，或是不帮他们倒牛奶，可是这种严厉的行为难以令孩子变得更加小心谨慎。如果对孩子大声斥令"马上清理干净！"这种清理似乎更像是惩罚，而不是孩子对自己行为理应承担的责任。让孩子也参与对问题的解决至关重要，无需责备，只需让他知道问题需要解决。

2. 孩子弄乱房间

不要说："赶快收拾好房间，不然不客气！"不妨说："快把房间收拾好，为你的学习创造一个良好的环境。"

"家长们往往对孩子空发威胁，难以触及孩子的改过之心，结果很快使威胁演变为一场家长与孩子间意志的较量。"《说不的孩子》一书的作者杰米·温德尔说，"不要给孩子最后通牒，不妨对孩子说：如果玩具和衣服都摆放整齐，你的房间会更漂亮！"

3. 孩子早晨睡懒觉

不要说："起床！再不起来就别指望还会有人叫你。"不妨说："早上好，已经7点了，现在该是你干什么的时候了？"

我们这些为人父母的为孩子承担了太多的责任。孩子在长出门牙前一直都需要哄着才肯起床，他们自然便从经验中判断，父母还会一如既往地哄他们起床。"唠叨不会培养孩子的责任心。"内尔森说。礼拜天，教教孩子如何克服早上起床时的忙乱。比如，前一天晚上就教孩子把干净衣服准备好，把书本装进书包；给孩子买个闹钟，让他自己学着定时间。

让孩子决定好自己该做些什么而不是要让孩子做些什么。告诉孩子如果错过了公交车或校巴，你不会开车送他上学。当然这一招只有孩子能步行上学或能乘坐公共交通工具的前提下方可奏效。

4. 孩子不肯独立完成作业

不要说："你怎么这么懒？自己多动动脑筋！"不妨说："这是你的作业，我相信你会有办法的。"

"许多家庭里，一提到作业，孩子就头疼，有的甚至放松功课，此时给予孩子太多帮助，反而会帮倒忙，应尽量让孩子发挥其主观能动性。"《教子有方》一书的作者史维亚·雷姆指出，首先，让他知道你相信他的能力，明确规定一个学习制度，并给他找一个安静的地方，远离兄弟姐妹的吵闹声，远离电视。孩子写作业时，不要在他身边转个不停，这会助长他的依赖心理。孩子拿不定主意时，可适当给予指导，然后走开或坐到一边。千万不要代替孩子写作业，那样只能导致他不学无术。要让写作业成为孩子每天的例行常规。

5. 孩子不愿做家务

不要说："什么时候你才能懂得，你也该为家里做点事情呢？"不妨说："你得把碗筷摆好，我才开饭。"

让孩子们认真干点家务可能会遭到拒绝。不妨向孩子们明确规定，什么时间由谁做什么事。让孩子们参与制作一张职责表，然后张贴起来，如果有谁没完成任务，就让吃点小苦头，作为给他的一次教训。比如，孩子不肯摆碗筷，就不让他吃晚饭。态度要坚决，即使让孩子饿着肚子上床睡觉。孩子如果又把脏衣服随地乱放，这时，不要叫嚷着让他把衣服捡起来，只给他洗放到洗衣房的衣服。如果女儿想穿那件她最爱穿的衬衫时，发现它是脏的，她自然就会懂得该怎么做了。

很多父母主张有错必纠、防微杜渐的教育方式，对孩子的一举一动都从严要求。这种教育方式好不好呢？教育心理学专家认为如果对孩子过于苛刻、严厉，有错就批，有问题就惩罚，势必会产生消极影响。其弊端主要表现为以下几方面：

（1）有损于儿童的自尊心和自信心。幼儿自我意识和评价能力都很低。如果他们听到的总是批评告诫，自尊心就会受损，自信心就会动摇。形成胆怯、自卑、孤僻等不良心理品质。

（2）堵塞了儿童的学习途径。即使是错误的尝试也会为他们提供宝贵的经验教训。如果家长过分干涉孩子的活动，无形中就缩减了孩子学习的机会和范围，不利于孩子的求知和进步。

（3）降低教育效果。如果家长错无大小都加以指责，久而久之，会使孩子习以为常，不再对父母的话产生积极反应。

（4）影响亲子关系。父母处处批评，事事告诫，会使孩子觉得父母在小题大做，甚至产生逆反心理，影响与父母的感情。

巧言妙语添乐趣

土耳其有句谚语："生活在失去和睦的家庭中，等于生活在地狱里。"

家庭琐事繁多，父母、孩子等等这些问题处理不好，既影响到生活的质量，又影响夫妻间的感情。若要避免这种情形出现，就要在言谈上面下功夫。

家和万事兴，要使家庭中有一种天伦之乐的氛围。那么怎么样才能享有天伦之乐呢？言谈可以帮助你实现。

1. 注意闲谈的技巧

茶余饭后，讲讲闲话，聊聊家常，可以谈天说地，以此增强家庭的和睦气氛。世界风云、社会热点、天气变化、家常琐事，都可成为话题。一家人说说笑笑，乐乐呵呵，生活显得和睦、融洽。说这些话没有什么特殊的、明确的目的，听起来是废话连篇，其实，它是一种情感的交流，是家庭生活的点缀。假如一家子冷言冷语，那便是一个"地狱"。

在一个三口之家：

母亲：你今天又没回来吃晚饭，是怎么回事？

儿子：噢，单位里应酬太多！

母亲：你也太忙了，其他人不可以分担一点吗？

儿子：你不知道，现在是什么年代？

母亲：还喝点鸡汤吗？

儿子：不啦！

母亲：明天家里有亲戚来，你晚上回来吃饭，行吗？

儿子：明天再说吧！

母亲一副热心肠换来儿子的冷脸，岂不是让做母亲的心寒？其实，儿子可以讲些公司内外的新闻，母亲不一定会懂，但心里肯定热乎乎的，家里才会有生气。

学会闲谈，且要和善亲切，可以没话找话，还要善于找时间，比如散步时或茶余饭后。

2. 谅解为上，不说冲话

矛盾的存在不可避免。所以你要学会谅解，承认矛盾的存在。

用亲切温存的话安慰人，使人如沐春风，抛弃烦恼，会给家庭增添无限的乐趣。

有位丈夫下班回家满脸怒气，一言不发。妻子安慰道："单位里又有什么不如意的事？忘掉它！岂能事事尽如人意，事事称己心！来，'卡拉OK'一首。"丈夫立时就消了火，拿起话筒唱起了歌。妻子有一回也生着闷气，怏怏地不做饭，丈夫说："气大伤神呢，来，我们合唱一曲黄梅戏，你唱男声，我唱女的。"妻子开始还不唱，后来看丈夫正儿八经地捏着嗓子唱"树上的鸟儿成双对"时她的气就消了。

家庭生活中，谁都可能做错事，谁都有不顺心之时，学会温言软语说服人，抛弃武断粗暴，定会为家庭和睦创造条件，营建一个完美之家。

小孩成绩不好，不能打骂，也不必指责挖苦，而要循循教导。作为父母，要了解孩子学习、生活状况。多和老师沟通，多和孩子交流，从时代的发展来诱导他对知识的重视。孩子成绩稍有点长进时，就表扬他，肯定他的成绩，这样他会减轻精神上的包袱，再接再厉。

当家里遇有不愉快的事时，说几句幽默话，大家都会在轻松的笑声中变得快活起来。妻子把饭烧焦了，丈夫却吃得有滋有味，还说："这饭真是色香味俱全，十几年没有吃到这有锅巴的香喷喷的饭了。"一句话解除了妻子心中的内疚，妻子笑了。有一个媳妇烧饭时加多了水，结果饭做成了粥，公公说："烂饭适合老人吃。"婆婆说："牙齿没啦，这饭更合口。"本来新媳妇心中不安，听老人们一说，心情才舒畅了许多。

没有人拒绝幽默，幽默使家庭其乐融融。

3. 说服人需要技巧

家庭成员中各人有各人不同的缺点。不善说服，过分指责，易使家庭不和。

有一位大学毕业生想到南方闯一闯，家长不同意，他这样找理由说服父亲："爸，我常听你说，你16岁就离家到外地上学，自己找工作，独自奋斗到今天！我现在比你当时还大两岁呢，我是受你的影响才这样决定的，我想你会理解和支持我的。"

这样一来，父亲无法再坚持自己的意见了，儿子便成功地说服了父亲。

说服人至少要注意两点：要"心理接触"，即了解对方，不夸大，不缩小，有的放矢；要"心理相容"，即我说的话对方听得懂、爱听，对方说的话我也听得懂、爱听。心心相印，息息相关，思想就自然容易打通了。陈毅劝说老丈人成功的原因就在于此。

4.学会商量

请比较两组对话：

"去，泡杯茶来！"丈夫边写字边对妻子说。

"你自己也有手，喝茶自己倒！"

"你没见我忙吗？"

"忙，忙，忙，你总是忙！难道我多闲着呢？"

丈夫用命令式的语气说话，不会商量，弄得妻子火了。长此以往，夫妻关系会越来越紧张。

丈夫："我的皮鞋太老式了，我想买双新式点的。你看呢？"

"最近店里新款的男式鞋不多，我看你还是穿一阵子吧，等新式样多一点再买吧。不过，你如果着急买，那就等星期天我陪你去看看，怎么样？"

相互尊敬，说话温柔才是最好的说话方式。丈夫说"你看呢"，妻子说"怎么样"，凡事商量着办，不偏激，不固执，更不命令。一个人的意见难免片面，多商量，就能把事想得周全些，办得妥当些，别人也容易接受，家庭和睦就多了一分保证。第一例中的丈夫如改用商量式的问句："我正忙着，您能给我倒杯茶吗？"妻子一定会愉快地接受的。学会商量，也是相互尊重。

夫妻之间要爱情与亲情并存，相互尊重，爱情会相伴终生。

如何处理婆媳关系

自古就有"婆媳难相处"的说法，但随着时间的流逝，新鲜感会逐渐消失，琐碎的家务事中难免形成一些积怨，家庭中的婆媳矛盾逐渐产生。眼看爱妻、慈母整日愁眉苦脸，唇枪舌剑，作为"丈夫"和"儿子"的男人既感到烦恼，又束手无策。都说儿媳妇难当，老婆婆难当，其实有时"丈夫"和"儿子"这个双重角色最难当。

那么，若是家庭中出现了婆媳矛盾，要想成功地扮演好"丈夫"和"儿子"这个双重角色，他的语言将会起到至关重要的作用。因为如果他善于说话，常常能够很好地协调、处理好妻子同母亲之间的关系，消除家庭矛盾，增强家庭凝聚力。具体的做法有许多种，这里介绍几种简单有效的方法。

1. 做好"传话筒"

由于"丈夫"和"儿子"这个特定的双重身份，母亲和妻子都会对他十分亲近。当她们之间产生矛盾的时候，都愿意将自己的想法向他吐露。作为"丈夫"和"儿子"，对这些"信息"决不可置之不理。但"理"并不是将一方的话简单地告诉另一方，那样无异于是在制造矛盾。而是要对这些想法进行"处理"，让对方可以接受，而不至于引起反感进而引发矛盾。这时，正确的处理方法是，把自己看到的、想到的，用"提示""当参谋"方式提出来。

比如：母亲说妻子早上起来太晚了，这时你就可以对妻子说："某某，妈年龄大了，这一段又挺累，以后我们早些起来把饭做好。"妻子说，母亲为家里买什么东西她都不知道，这时就可以对母亲说："妈妈，某某买东西很有眼光，再买东西可以请她帮您参谋参谋。"这样"信息"传递了，而且双方都没有想法，矛盾也就被扼杀在萌芽之中了。

2. 不偏不倚

由于"丈夫"和"儿子"的双重身份，所以他在家中的一言一行，妻子和母亲都是很敏感的。做得好，妻子和母亲都高兴，做得不好，就会使妻子和母亲"多心"，产生矛盾。但做好妻子与母亲最亲近的人，在其中的作用是不容忽视的。

首先，你对待父母要比结婚前更加尊重，特别是在妻子面前更要注意。家中的事情主动与父母商量。关心父母的生活，而且还要注意老人的精神赡养，在言语上多关心体贴他们。

其次，妻子家里来人，特别是岳父母来访，要十分热情。买些什么东西，带些什么东西，都要你首先说，主动去办。

最后，逢年过节给双方父母家买礼物一定要一碗水端平，不偏不倚，两家一样，否则自己的父母和妻子都会认为你偏心，你就会两边不是人。所以给两方礼物一样，才能不落下"话把儿"。

3. 多做"和事佬"

在一个家庭生活久了，即使自己与自己的亲生父母也是难免会产生矛盾的。但由于与自己的亲生父母的这种特殊的血缘关系，即使产生了矛盾不去解决，也是至亲骨肉。但婆媳之间的矛盾却不能等同待之。俗话说："舌头没有不碰牙的时候"，若是婆媳拌了嘴，在这种情况下，而你作为"丈夫"和"儿子"决不能参与其中，帮一方责一方。正确的做法应该：婆媳之间有意见，最好在经过"丈夫"和"儿子"这个中间环节时把它化解掉。

首先，用诙谐的语言将其劝开，然后认真听她们诉说。

一般说来，家庭琐事没有必要分谁是谁非，这样做的目的是让她们把心中的积怨都倾吐出来，取得她们的信任，暗示要帮助她们解决问题。

其次，当她们消气以后，分别肯定她们的一些正确做法，然后站在她们的角度上，设身处地地帮助她们分析哪些事情做得不对。

这样，她们都会感到，你为她们争了理，但同时又为自己某些做得不合适的地方而内疚。

最后，为了消除隔阂，加深她们之间的感情，在一些事情的处理上不妨做点"手脚"。

比如：你可以买点好吃的东西给母亲送去，并且说："某某感到对不住您老，买了点东西想孝敬您，希望您能消消气。"然后提议晚上吃点饺子。在吃饭时，对妻子说："妈看你这几天不爱吃饭，特意包的饺子，多吃些吧。"这样，双方的心里都会热乎乎的。你敬我一尺，我敬你一丈，感情又和好如初，甚至比以前更好了。

4. 求助他人

家里有的事自己不便说，可以把意图渗透给岳母、妻子的姐妹或自家的姐妹，以及其他妻子和母亲很信任的人。这些人的话会更容易被妻子、母亲接受，做工作的效果会更好。

凡事经过"丈夫"和"儿子"这个双重角色的巧妙过滤，家庭会永远幸福和睦，你会是妈妈心中的好儿子，同时也会是妻子心中的好丈夫。

妯娌聊天有分寸

美满幸福的家庭，不仅要求兄弟姐妹要情同手足，还需要姑嫂、妯娌之间相亲相爱、齐心协力。她们之间的矛盾虽然不是家庭生活中的主要矛盾，但却是家庭生活中常见的矛盾。

相传古时候有一个叫王浑的人，其妻子姓钟，他弟弟的妻子姓郝，妯娌二人都品性贤淑、豁达大度。钟氏的年纪虽大一些，但和弟媳郝氏的关系却极为融洽，两人从未红过脸，互相敬重。郝氏也不因为自己是弟媳而对嫂嫂不恭，一家互敬互让，其乐融融。当时人便把她俩的这些做法听做钟夫人之礼、郝氏之法。

众所周知，家庭兄弟和睦可以使家庭富裕、兴旺。假使妯娌之间，没有像钟、郝这样的融洽关系，即使有再好的兄弟关系，也难免搞得左右为难，痛苦不堪，最终成为家庭美满的一大累赘和负担。然而现实生活中，人人都喜欢说："三个女人一台戏。"认为家庭中只要有妯娌关系，这台戏就"热闹了。"

的确，妯娌是家庭中比较难处的一组关系。一个家庭常常因妯娌之间的矛盾，闹得全家不得安宁，闹得兄弟之间伤感情。

妯娌关系在家庭中起着举足轻重的作用，因为她们上有公婆，中有小叔小姑，下有侄儿侄女，面临纷繁复杂的家庭人际关系，需要逐一用心调适，而妯娌之间的关系对于维护家庭团结，协调家庭关系。产生家庭的凝聚力、向心力将起着不同寻常的作用。

怎样才能搞好妯娌之间的关系呢？还是用事实说话吧。

曾经有三个兄弟，他们三个相继都成了家，老二老三的媳妇经常吵吵打打，唯独老大媳妇与谁都能和睦相处。有人问她有何经验，她笑笑说，"我始终坚持妯娌之间相处四不谈。"

一不谈论公婆家事。妯娌们在一块最爱谈论的话题便是公婆处理家事中的所作所为，以及对自个家怎样或不怎样。这样一来，便会促使另一位或沾沾自喜，趾高气扬；或胸中憋气，暗暗记恨，无形中把不该出现的矛盾反而激化了。公婆做事有没有道理？他们的道理对不对？除了让实践去证明外，谁也难说出所以然来，也就没有必要谈论。

二不谈儿女好孬。自己的孩子咋看咋好，咋看咋亲，而对别人的孩子就不一样了。妯娌们坐在一起谈这个话题，一句不出口的话，凭一个动作，便可让人理会到是什么意思了。所以，妯娌之间最好少提或不提儿女如何，谁家孩子好孬谁家清楚，大家也清楚，与其谈论招事，不如心照不宣。

三不谈论娘家背景。妯娌们到一起，一不留神便把自个娘家搬出，什么爹当官来娘威风，七姑八姨挺神通，言下之意娘家没弱人，这无疑显出了一种优越感和对别人的挑衅。所以，避开娘家的背景而不谈，是妯娌间谈论话题时明智的选择。

四不谈论自家贫富。俗话说：家家有本难念的经，各家的事各家清。自家有钱没钱，自己知道就行，妯娌间一谈论便会产生显富哭穷的效应，以致造成误会。反正不在一口锅里吃饭，经济账最好回家自个算，免得谈出误会，影响妯娌关系。

妯娌之间虽无直接的血缘关系，但来到了一个家庭，客观上生活在一起，应该和兄弟姐妹关系一样，在家庭管理上应该团结互助，同心协力。在困难面前互相关心、互相帮助，在利益面前互相谦让，像姐妹一样相亲相爱、互相尊敬。

俗话说："天有不测风云，人有旦夕祸福"，一个家庭不可能一帆风顺，总会遇到一些麻烦事，妯娌间应在困难中鼎力相助。患难中的情谊最宝贵，最深刻。如果一方有困难，另一方不伸手，这是很伤感情的事。

总之，妯娌之间的关系处理得好与坏，对一个家庭，甚至对社会都会有一定的影响。为了家庭和睦、幸福和团结，妯娌应心心相连共同持家。

共同跨越"沟通障碍"

结婚后，随着时间的拉长，日常琐事的增多，夫妻感情难免较之热恋时期愈来愈淡，彼此单独相处次数减少，关心程度似乎也随之降低，进入到一个感情危机的"隐伏期"，后果自然不容乐观。此时若能有效地为双方感情升温，则会起到意想不到的效果。我们都知道，爱情需要双方的激情，但更需要双方小心维护。婚后，要想家庭幸福和睦，夫妻也需要共同努力营造幸福的婚姻。

夫妇关系和谐是家庭的基本要素，也是子女教育的良好基础。换句话说，婚姻美满是家庭幸福的核心，也是子女健康成长的关键。心理学家认为，"孩子安全感的最主要来源，是知道父母相爱"。家庭中充满愉快的气氛，则每个家庭成员都会感到轻松幸福，心情舒畅。在教育子女时也容易采取同样的态度和一致的步调，对子女的成长与发展有莫大的帮助。

反之，父母失和，家庭得不到安宁，使每个人都感到不安，特别是子女更觉紧张，他们不一定了解父母失和的原因，也无法改善父母的关系，更无法预料结果，从而无所适从，引发出许多问题。因此，对子女的养育来说，营造幸福的婚姻，是父母的首要责任。那么此时，适时为感情升温成了男女双方义不容辞的责任。那么，如何保持婚后夫妻生活的和谐、浪漫和幸福呢？

1. 别忘了说声"我爱你"

有人认为婚后夫妻不需要说"我爱你""你真漂亮"等动情的语言，其实不然，学会用动情的语言，能增加夫妻生活情趣，是恩爱夫妻的感情纽带之一。中国人夫妻间感情不像西方人那样外露，而注重含蓄。但含蓄决不等于关闭感情的窗口。每个人都懂得不进食会产生饥饿，但许多人不知道缺乏感情交流也会产生"感情饥饿"。拥抱接吻使人得到感情满足，动情恩爱的言语同样使人得到感情满足。医学心理证明：一个人长期得不到感情满足不仅会心情沮丧，而且有可能导致一系列心理障碍和心理疾病。因此，夫妻间善用"动情语言"是至关重要的。

当一方烧好了饭菜，另一方衷心地说一句："你辛苦了，你烧的菜真好吃，谢谢！"一方穿上新衣，另一方马上赞扬说："你今天真漂亮。"出差在外，不妨写几封信，表达平时不易启齿的爱慕之情。一句动情的话语，不仅使人感到舒畅、清爽、甜蜜、兴奋，而且容易激起感情的浪花，避免夫妻间不必要的矛盾发生。因此，无论是少夫少妻，还是老夫老妻，当你的爱人心情不佳时，千万别忘了说一声"我爱你"！

2. 认识与跨越"语言冰河期"

婚前恋爱期，男女情侣有说不尽的甜言蜜语，有时即使无话也要找话。婚后，特别是男方，"高仓健"式的色彩明显浓重起来。美国一位心理学博士指出："在婚后第一年中，夫妻间的情话与讨好行动都会比恋爱时下降30%，这一'冰河期'的到来，女方受的打击较男方还要重些。"如果女方不能正确认识丈夫的变化，那么就常会以"找话茬儿"来打破沉默，这时，丈夫如不能正确理解，便可能回击对方，于是争吵即刻发生。这时，艺术处理的方法之一是：丈夫或妻子应该静下心来倾听对方的意见，帮助其宣泄和疏导，并不时用幽默来打破生活的尴尬。

3. 重温婚前的浪漫

已婚的女人常常对丈夫充满抱怨，认为丈夫把精力都集中在麻将、扑克牌、电视画面上，很少像婚前那样浪漫，上公园，看电影，进咖啡馆，有时连一些重要的节日，甚至妻子的生日都忘记了，这是一个重大的疏忽。

婚后，丈夫应该挤出一些时间来陪伴妻子，关心和安慰妻子。星期天、节假日，是该让妻子休息的时候了，小两口去饭馆"啜"一顿，上公园游乐一下或是看一场电影，都能增进夫妻间的感情，创造出新的契机。尤其是妻子的生日，做丈夫的更应该不失时机地送妻子礼物，表白自己的爱情，重温一番恋爱时期的甜梦。

4.走出形影不离的误区

结了婚的男女，分别与昔日生活在一起的父母或同事、伙伴们分离开来，双双住进了精心布置的新房，有较长时间生活在"两人世界"里。然而，随着时间的推移，夫妻间生活习惯的不同、兴趣爱好的差异、脾气性格的矛盾便开始显露，这时便需要调整和适应。

须知婚后夫妻间生活的质量重要的是心心相印而不是形影不离。保持一定距离是夫妻间相互吸引和爱慕的重要保证。俗话说"久别夫妻胜新婚"，讲的就是这个道理。

据调查，在闹矛盾的家庭中，夫妻两人工作都很稳定并很少出差者居多，这也很说明问题。婚前恋爱时两人在一起的时间有限，因此亲密异常。婚后适当分离，正是一种适当的调节。尤其是当夫妻双方产生矛盾和分歧时，不妨暂时分开几天，让时间和距离来加深彼此的感情。

台湾女作家罗兰女士说："婚后的幸福只有一部分建立在婚前的选择上，而大部分要靠婚后的适应，全凭日后你自己怎样去耕耘。"诚然，要浇灌出甜蜜的爱情之花，需要夫妻间双方的努力。爱情，永远是两个节拍的合奏。

好女婿的口才很重要

自古就有"一个女婿半个儿"的说法。社会在发展，家庭人员却在减少，女婿现在也成了岳父岳母的"心头肉"。这也对女婿的要求提高了，不但要把事做好，还要把话说好，能讨得老人的欢心。所以好女婿也需好在嘴上，对岳父母的"诚心""孝心"，也需秀在口上，使你的好更是锦上添花。

本文为你罗列八种能说会道、讨岳父母大人欢喜的有效之术，不妨品味笑纳，大胆一试。

1. 摸准脉搏：说岳父母感兴趣的话

王光结婚后住在岳母家里。为了赢得岳母的欢心，他总是主动干家务活儿，但岳母大人的脸还是欢喜不起来。后来，他发现每当他说外边发生的新鲜事时，岳母就非常高兴，总是睁大眼睛"刨根问底"。于是他便开始留心各种各样的"新闻"，每天回到家里，就找机会向岳母大人进行"新闻"汇报。从此岳母大人见他回来总是笑脸相迎。有时没等他开口，岳母就急着问："今天又有什么新鲜事，快讲给我听听。"听完之后还要向来串门的人进行"新闻回放"，并自豪地说："我们家的女婿知道的事真多，我是天天不出门，便知天下事哟！"

2. 听话听音：说岳父母最关心的话

夏天的时候，小张的岳父从农村来到城里看望新婚不久的女儿。一天，一连下了几个小时的大雨，他坐不住了，一边望着外边，一边皱着眉头念叨："这雨怎么下起来还没完没了。唉，这老天爷……"他一连说了几遍，女儿听了就直率地说："您真是瞎操心，咱这楼房下多大的雨也不怕！"老人听了摇摇头，并开始收拾东西。女婿见状，心想，老人家准是想着地里的庄稼了。于是就对岳父说："您老别着急，俗话说，隔道不下雨，说不定咱家那里没下雨呢。我现在就打电话问问。"当老人从电话里得知家乡没下雨时，就高兴地拍着女婿肩膀说："还是你知道我的心，冲你，我再多住几天。"

3. 知冷知热：说岳父母宽心的话

飞行员小王结婚后，因没时间照顾家常挨岳母的数落。不久岳母患了病不能下床,她又哭又喊:"我这辈子没做什么坏事,怎么让我得这不能动的病啊,还不如让我死了呢!"小王利用回家的机会,除了给岳母端水喂药外,就耐心地劝其安心养病:"妈,您可别胡思乱想。俗话说,天有不测风云,人有旦夕祸福。人吃五谷杂粮,哪有不生病的呢,连国家主席也难免生病。病来了,就看你能不能扛得住它。您是个要强的人,哪能让这点小病吓住呢?再说,现在医学这么发达,您这病肯定能治好的。"当见她有急躁情绪时,又笑着劝她:"您不是常说,病来如山倒,病去如抽丝吗,您只要有信心,过不了几个月,您准能下地干活,我们团长的爱人比您的病重多了,没过半年就全好了,你比她年轻,一定好得更快。"边说边给她进行按摩。他的话像一剂良药,使岳母的精神好多了,没几个月,她就能下床走动了。她逢人就说:"多亏小王总给我吃顺心丸,我的病才好得这么快。"

4. 了解心愿:说岳父母"露脸"的话

王师傅是个退休工人,他有两个女婿,大女婿是有钱的个体户,二女婿是小学教师。大女婿每次来看他时总是买好烟、好酒、好点心,走时还要塞给他一把钱。当老人问他孩子学习怎么样时,他总要拍着胸脯说:"这年头,学习好又有什么用,有钱能使鬼推磨,我没文化还不是照样赚大钱,照样吃好的喝好的。您老想开点,别让肠子受委屈,缺钱就冲我说。"然而他却不喜欢大女婿,常说他是没出息的败家子。而二女婿了解岳父的心思,知道岳父最盼自己的子孙将来能有出息,所以每次来看他时,除了给他买他爱喝的老白干外,总是带着自己发表的文章和孩子的三好学生奖状让老人看,并向他汇报孩子的学习成绩。老人听了总是笑得合不上嘴。

5. 不计前嫌:说岳父母心暖的话

小安的妻子是一个大学教师,而他只是一个普通的粮店售货员。开始岳母大人很是看不起他，可没过多久岳母对他态度变了。当人们问他用的是什么秘密武器时，他幽默地说："我除了勤快外，就是多向她老人家请示。"他还举例说，早晨，他上班前，总要问岳母需要买什么；做饭时，要请示岳母做什么，怎么做；看电视时，要问岳母爱看哪个台；处理人情事时，要请岳母当顾问……时间长了，他把岳母大人"哄"得整天乐得合不上嘴。她常向人们说："我闺女找小安这么个女婿，是她的福气。"

6. 小事化了：说岳父母有台阶下的话

兰兰过了产假之后便把母亲接来照顾孩子。老人的眼神不太好，加上不熟悉环境，常常找不到要找的东西。一天，她从绳子上拽下一块布擦饭碗，兰兰看见后着急地夺过那块布说："哎呀，您怎么用孩子的尿布擦吃饭的碗呢，这些天您都用尿布擦碗吧？"说着拿过盛好的粥就要倒掉。母亲听了很是尴尬，把手里的布一扔说："都在绳子上挂着，颜色也差不多，我哪分得清啊。我是老糊涂了，不中用了。"女婿见岳母生气了，就开玩笑地说："妈，我说咱全家这些天怎么没受流感传染呢，原来是您暗地里给我们加了抗菌素啊。"岳母听了一愣。他又接着说："自古不就有一种'喝童子尿不生病'的说法吗，将来我们说不定还要将这种做法大力推广。妈，您可要申请专利哟。"他的话像夏天的一股凉风，吹走了岳母脸上的阴云。

7. 风波乍起：说岳父母心安的话

一天，大全和妻子因为一点小事争吵，大全见说不过妻子，就说："得，得，我说不过你，你和你妈一样，都是常有理。"谁知这句话让在厨房做饭的岳母听见了，老太太一听就火了，跑到女儿屋里指着大全的鼻子尖问："你们两口子为什么吵嘴我不管，可说我们娘俩都是'常有理'，我得跟你分争分争，我怎么'常有理'了？你今天非得给讲清楚不可。"大全一听，觉得事情不妙，于是满脸堆笑地说："妈，您可别误会，'常有理'这可不是坏话，

254

我这是赞扬您女儿呢。因为每次争吵都是我没理，你的女儿我的妻，无论做什么事都特别有道理，而这又都是跟您老人家学来的，没办法，我只好佩服地说她跟您一样的'常有理'喽。"说着又神秘地对老人说："实话告诉您吧，这句话还是跟我爸学的呢。因为我跟我爸一样，在媳妇面前总是'常没理'。"大全的话把老太太的怒气冲散了，她指着女婿说："你小子这张嘴呀，能把死人说活喽。"一场风波化为乌有。

8.关键时刻：说岳父母放心的话

王大妈没有儿子，只有一个女儿。丈夫去世以后她由于身体不好，就把房卖了搬到女儿家住。开始还好，可后来在纺织厂工作的女儿下岗了，一时半时又找不到工作，一家老少四口都靠女婿一个人工资生活，孩子上学需要钱，老人看病需要钱。女儿因心情不好，常在家发脾气，王大妈听了抹眼泪说，我要是有个儿子也不至于拖累你们啊。女儿着急地说："妈，您就别说那些没用的话了。"会说话的女婿则亲热地对岳母说："妈，您这样想就错了，过去有句老话是'一个女婿半个儿'，如今时代变了，男女都一样，就该是'一个女婿一个儿'了。您老往后不要把我当外人，从我结婚那天起，我就认定您是我的亲妈了，您是不是嫌弃我这个儿子呀？"几句话说得王大妈老泪纵横。她从箱子里拿出卖房的钱，交到女婿手里说："做了几辈子好事才让我遇上你这么个好人啊，这些钱本来是我留着养老的，有你这么个好女婿我也就一百个放心了。"

和颜悦色细教育

养育子女是父母的权利和义务，不论古今中外生儿育女，繁衍后代，是家庭最重要的职能和责任。在我国传统观念中，人生的最大的成功和快乐，不是钱财、地位、学问、而是子女成材。望子成龙，望女成凤是每个父母的期望。

有时候，做父母的不假思索，态度粗蛮，片面地看问题，把一些落后的错误观点向孩子灌输，会引起孩子的反感。由此，做父母的与子女说话也要反复琢磨，慎开金口。尤其是面对孩子时，定要选择合适的语言、和颜悦色的慢慢教育。

1. 说话要注意体现教育性

孩子犹如一株幼苗，需要阳光雨露，父母应在平时与孩子的交谈中，抓住契机，从小对孩子实施良好的家庭教育。

7 岁的晓明给父母背了一首古诗："锄禾日当午，汗滴禾下土，谁知盘中餐，粒粒皆辛苦。"这时一般父母只会说"背得真好"之类的话夸奖孩子几句，孩子不久就忘了。而晓明的父亲说："你背得很好，但你能理解这首诗的含义吗？"这一问，一石激起千层浪，孩子一定想了解诗的含义，父母此时趁热打铁，对孩子教诲道："我们吃的粮食来之不易，一粒粒粮食都需珍惜啊！"

晓明父母的话很自然地教育了晓明，使他经久不忘。

2. 说话要注意有积极性

家庭是孩子成长的第一摇篮，父母是孩子的第一任教师，父母的一言一行直接影响孩子成长。父母思想先进，说的是积极的话，孩子也会对生活充满信心，昂扬向上积极进取。父母若长期在孩子面前说些消极落后的话，孩子也会看破红尘，一天比一天颓废起来。因此，父母在孩子面前说话应是积极的，不能是消极的。如现在不少单位实施优化组合，竞争上岗，有的父母组合落伍，便在孩子面前说："现在社会不像样，把我们这些老实人踢出门外。"孩子听了只会在幼小的心灵蒙上一层阴影，从此对社会产生不满情绪。若父母就自己下岗一事教育孩子："我之所以下岗，就是因为技术不强，业务不硬，这个社会就兴优胜劣汰，你要趁年少学好过硬本领，以便将来在竞争中成为佼佼者。"父母对孩子讲这番话就很具积极意义，极能激发孩子积极进取，追求不止。又如现在尤其是城镇住房尤为紧张，有的家庭几代人挤"鸽笼"，面对这种现状，如父母消极地对孩子说："我们只有一辈子挤'鸽笼'了，活受罪。"这时孩子听了只会潜滋暗长一种自卑心理，整天为"鸽笼"所苦打不起精神来。若父母对孩子说："我们住的房子是小了点，但比起革命前辈蹲窑洞，风餐露宿不知要幸福多少倍。再说，条件差一点可以激起人们去奋斗。"父母这样说话积极乐观，有利于激励孩子努力向上，创造明天的美好生活。

3. 说话要注意寓含风趣

现在的家庭大多数孩子总觉得与父母有道鸿沟，总不敢也不愿与父母进行"朋友式"的谈心，又很少有机会与外界接触，久而久之极容易形成孤僻性格，这对孩子日后踏上社会，进行交际极为不利。所以父母平时同孩子说话可尽量风趣一些，这样有利于家长与孩子拉近距离，有利于创设家庭和谐氛围，有利于培养孩子乐观性格和幽默的语言艺术。

读初中的芳芳每次考试总是名列前茅，可这一次考试却名落孙山，芳芳回到家里，一个劲地哭。父亲看了，诙谐地说道："我的千金小姐，哭有什么用？要是能哭出好成绩，我宁愿和你妈也加入哭的队伍，哭他个天昏地暗。跌倒了站起来嘛！"芳芳听了父亲一番风趣幽默的话，破涕为笑，去掉了自卑感，卸下了包袱，从父亲的话里汲取了营养和力量，再次鼓足勇气，拼搏前进。

我们每位父母在孩子面前讲话都应该思索一番，该讲什么，不该讲什么，怎样讲……然后再在孩子面前说话含金量就高，艺术性就强，就会成为孩子从小效仿的榜样，从而促使孩子活泼健康地成长。

别用孩子不喜欢的方式

6 岁的李冲对妈妈说："妈妈，张老师偏心。今天幼儿园午睡的时候，东东把我的鞋子踢到了墙角，我叫他捡回来，他不肯捡，我就把他的衣服扔到了床底下。张老师知道后光批评我，还把我叫到办公室，要我承认错误。他为什么不批评东东？"

妈妈说："冲冲，你又淘气了！我给你说了多少遍了？老师批评你，你首先要看到自己的错误。如果你老老实实，规规矩矩，没有一点错误，老师怎么会批评你呢？你看隔壁毛毛，多么听话！老师什么时候批评她了？我再说一遍……"

"妈妈！你总是帮人家说话，我不要听！"李冲不耐烦了。"你不要听我也要说……"妈妈像往常一样说个没完。"我只是问了你一个小小的问题，你为什么要说那么一大堆的话？"与妈妈谈话总是那么扫兴地收场。李冲越来越不喜欢与妈妈谈话了。一次他对小朋友说："我什么也不告诉妈妈了。要是我一开始跟她说，她就会没完没了，我连玩的时间也没有了。"

一位教育家曾经说过："父母教育孩子的最基本的形式，就是与孩子谈话。我深信世界上最好的教育，是在和家长的谈话中不知不觉地获得的。"但是，令大多数父母感到头痛的是：父母苦口婆心地教育孩子，孩子却总不以为然，还常常会视父母的谆谆教导为没有意义的唠叨，甚至拒绝与父母交谈。这到底是怎么回事呢？是孩子出了问题，还是父母的谈话方式有问题呢？

许多父母认为是孩子出了问题。其实，孩子没有问题，问题还是出在父母身上。父母与孩子谈话，光有一副热心肠是不够的，还必须掌握谈话的技巧。如果你的谈话孩子不愿听，甚至感到厌烦，那么即便你说的全是"金玉良言"，在孩子的心中还是一文不值。就像前面的例子，李冲只希望妈妈理解他心里的委屈，却又被妈妈批评了一顿，这样的谈话怎能达到教育的目的呢？那么，父母应该避开什么样的谈话方式呢？

（1）"唠叨"型。某个道理，孩子明明已经晓得，可家长仍絮絮叨叨说个没完。从心理学上讲，这种絮叨是种重复刺激，会在大脑皮质上产生保护性抑制。你越说，他越不听，甚至还会冲撞你。

（2）"迁移"型。把别人身上出现的不良倾向和坏事，不分青红皂白地"迁移"到自己孩子身上。这与青少年的上进心和好胜心相悖，从而把孩子的感情推向对立面。

（3）"提审"型。刚发现一些苗头性的现象，便大惊小怪地把孩子喊到别处"单独审问"，根据主观臆断，把可能性说成现实性。这样孩子会因你言过其实和妄加推测而大为恼火。

（4）"揭丑"型。对于确有过错的孩子，有些家长喜欢在吃饭时"训话"或当着同学、亲友的面数落。这样做会挫伤孩子希望保密、谅解和宽恕的心情，产生破罐子破摔的思想而走向反面。

（5）"对比"型。有的家长爱拿别的孩子身上的优点和长处来与自己孩子身上的缺点和短处对比，希望以此来刺激自己孩子进步。但往往事与愿违，刺伤了孩子的自尊心和自信心，使孩子情绪低落，思想消沉，甚至一蹶不振。

还有孩子们最不喜欢听的用语：

（1）讽刺的话。当孩子犯了错误，家长就说："你还真有本事呀"，或"看不出来你也会做这样的事"。

（2）威胁的话。如果孩子有些不听话，家长就说："看我怎么收拾你！"或"打死你！"

（3）侮辱的话。如果孩子对一个学习问题一时弄不懂，家长就说："你怎么这么笨！"或"你是一个废物！"

（4）压制的话。如果孩子对家长的批评作辩解时，家长就说："住嘴！你怎么这么不听话？"

（5）抱怨的话。如果孩子在某一方面达不到家长的要求时，家长就说："有我真希望没有你这个孩子"。

（6）责骂的话。如果听说孩子又出了些事，父母便不加调查就说："你又做坏事了！真是不可救药了！"

父母与孩子谈话的失败，往往是缺乏对孩子的尊重。家长总习惯要求孩子完全放弃自己的想法和感受，全部接受父母的经验之谈。其实，父母自始至终都应维护孩子幼小的自尊，避开那些伤害孩子的话，这是您与孩子成功地进行有教育意义的交谈的必要保证。我们常说：人需要被理解，不需要被教训。孩子又何尝不是这样呢？因此，当你觉得孩子在什么地方出错，暂且不要训斥。如果你能站在孩子的立场上去体察孩子、理解孩子，你就会发现，孩子的许多想法与感觉是多么合乎逻辑，合乎情理。只有在理解的基础上，孩子才能接受你的谈话，并在无形中受到你的影响。这样的交谈才能起到良好的教育效果。